AQUISIÇÃO DAS LINGUAGENS ORAL E ESCRITA

FUNDAMENTOS E METODOLOGIAS

O selo DIALÓGICA da Editora InterSaberes faz referência às publicações que privilegiam uma linguagem na qual o autor dialoga com o leitor por meio de recursos textuais e visuais, o que torna o conteúdo muito mais dinâmico. São livros que criam um ambiente de interação com o leitor – seu universo cultural, social e de elaboração de conhecimentos –, possibilitando um real processo de interlocução para que a comunicação se efetive.

AQUISIÇÃO DAS LINGUAGENS ORAL E ESCRITA

MARCIA BEATRIZ AMPLATZ

EDITORA intersaberes

FUNDAMENTOS E METODOLOGIAS

EDITORA intersaberes

Rua Clara Vendramin, 58, Mossunguê
CEP 81200-170 – Curitiba – PR – Brasil
Fone: (41) 2106-4170
www.intersaberes.com
editora@editoraintersaberes.com.br

Conselho editorial
Dr. Ivo José Both (presidente)
Dr.ª Elena Godoy
Dr. Neri dos Santos
Dr. Ulf Gregor Baranow

Editora-chefe
Lindsay Azambuja

Supervisora editorial
Ariadne Nunes Wenger

Analista editorial
Ariel Martins

Preparação de originais
Luiz Gustavo Micheletti Bazana

Edição de texto
Osny Lourenço Tavares Junior
Camila Rosa
Viviane Fernanda Voltolini

Capa
Iná Trigo

Projeto gráfico
Regiane Rosa

Adaptação do projeto gráfico
Iná Trigo

Diagramação
Maiane Gabriele de Araujo

Equipe de *design*
Iná Trigo
Mayra Yoshizawa

Iconografia
Regina Claudia Cruz Prestes

1ª edição, 2019.

Foi feito o depósito legal.

Informamos que é de inteira responsabilidade da autora a emissão de conceitos.

Nenhuma parte desta publicação poderá ser reproduzida por qualquer meio ou forma sem a prévia autorização da Editora InterSaberes.

A violação dos direitos autorais é crime estabelecido na Lei n. 9.610/1998 e punido pelo art. 184 do Código Penal.

Dados Internacionais de Catalogação na Publicação (CIP)
(Câmara Brasileira do Livro, SP, Brasil)

Amplatz, Marcia Beatriz
  Aquisição das linguagens oral e escrita: fundamentos e metodologias/Marcia Beatriz Amplatz. Curitiba: InterSaberes, 2019.

  Bibliografia.
  ISBN 978-85-227-0088-2

  1. Educação – Finalidades e objetivos 2. Ensino – Metodologia 3. Linguagem e línguas 4. Linguagem escrita 5. Linguagem oral I. Título.

19-27249   CDD-371.3

Índices para catálogo sistemático:

1. Metodologia de ensino:
Linguagem oral e escrita: Educação   371.3

Maria Alice Ferreira – Bibliotecária – CRB-8/7964

SUMÁRIO

Apresentação, 11

Organização didático-pedagógica, 13

Introdução, 17

1 Desenvolvimento da linguagem, 19

    1.1 Língua e linguagem, 21

    1.2 Concepções da linguagem na visão psicolinguística, 24

    1.3 O início da comunicação: fase pré-linguística, 27

    1.4 Desenvolvimento da linguagem, 32

    1.5 Teorias interacionistas de aquisição da linguagem, 36

2 Desenvolvimento da linguagem oral, 51

    2.1 A linguagem oral na infância, 53

    2.2 A habilidade de narrar a Própria experiência, 57

    2.3 Relações entre a literatura infantil e o desenvolvimento da linguagem oral, 65

    2.4 Oralidade e letramento, 80

3 Desenvolvimento da linguagem escrita, 89

    3.1 Sistemas de representação da linguagem escrita, 91

    3.2 Processos cognitivos referentes à linguagem escrita, 93

    3.3 A tecnologia e a língua escrita, 96

    3.4 O professor e o trabalho com a linguagem escrita, 101

    3.5 Multimodalidade na linguagem escrita, 105

    3.6 Fases de desenvolvimento da aprendizagem da linguagem escrita, 112

4 Desenvolvimento da linguagem escrita pela criança, 127

4.1 Considerações da psicogênese para a escrita, 129

4.2 Níveis estruturais conforme a psicogênese da língua escrita, 134

4.3 Intervenção do professor na aprendizagem da escrita, 145

4.4 A escrita do nome próprio, 151

5 Aquisição e aprendizagem da leitura, 161

5.1 Concepções de leitura, 163

5.2 A leitura na escola, 170

5.3 Estratégias de leitura, 175

5.4 A compreensão leitora, 186

5.5 O ensino das estratégias de leitura, 189

6 Aquisição e desenvolvimento do sistema fonológico na criança, 201

6.1 Aquisição fonológica, 203

6.2 Processos fonológicos referentes à sílaba, 205

6.3 A fala e a escrita: relações com a fonologia, 207

6.4 Consciência fonológica, 208

Considerações finais, 233

Referências, 235

Bibliografia comentada, 245

Respostas, 247

Sobre a autora, 249

A todas as minhas amigas professoras alfabetizadoras com quem tive o privilégio de trabalhar por muitos anos. A cada capítulo escrito lembrava de todos os nossos estudos, planejamentos e parceria durante o exercício da arte de alfabetizar.

Agradeço à minha família o incentivo e a compreensão quando estive ausente para me dedicar a esta produção. Em especial, agradeço à minha mãe, Nelci Amplatz.

APRESENTAÇÃO

Os estudos teórico-práticos propostos nesta obra, estruturada em seis capítulos, podem subsidiar ações em sala de aula com alunos da educação infantil e dos anos iniciais da educação básica. Nossa intenção, neste material, é propor temas de estudos atuais, que abranjam situações pedagógicas que contribuam para o desenvolvimento da linguagem nas crianças.

No primeiro capítulo, abordamos o **desenvolvimento da linguagem** sob os vieses da psicolinguística e das teorias interacionistas de Jean Piaget, Henri Wallon e Lev Semyonovich Vygotsky.

No segundo capítulo, tratamos da **linguagem oral**, a fala, que se destaca e se desenvolve no cotidiano da criança à medida que ela narra suas experiências ou inventa histórias. Também nesse capítulo, refletimos sobre a presença e o impacto da oralidade e do letramento na prática pedagógica com base em Marcuschi (2007), Kleiman (1995), Coelho (2003) e Soares (2006). A contação de histórias é indicada como parte motivadora na aprendizagem da linguagem oral.

O estudo da linguagem escrita é o assunto do terceiro capítulo, no qual iniciamos a discussão sobre o **processo cognitivo da aprendizagem da escrita**, buscando explicar como orientar a criança em sua evolução.

Continuando a abordagem a respeito do desenvolvimento da linguagem escrita, no quarto capítulo versamos sobre a **psicogênese da língua escrita**. Na prática pedagógica, a atenção deve se voltar às fases da escrita, sem classificar ou rotular as crianças, mas conhecendo o caminho a ser seguido pelo aprendiz. Para isso, nos apoiamos nas pesquisas de Ferreiro e Teberosky (1991).

No quinto capítulo, tratamos da **aprendizagem da leitura** e apresentamos, com base em Marcuschi (2004), Solé (1998) e Kleiman (2004), as concepções de leitura e estratégias pedagógicas no trabalho em sala de aula.

No sexto e último capítulo, discorremos sobre a aquisição fonética com base em Cagliari (2010) e Engelbert (2012), apresentando sugestões pedagógicas para desenvolver a **consciência fonológica** por meio de um trabalho em conjunto com a linguagem oral e escrita.

O assunto aqui estudado evidentemente não se esgota neste livro. Esperamos que nossa contribuição seja um incentivo para outras leituras sobre as linguagens oral e escrita e que este seja o início de uma trajetória intelectual muito satisfatória.

Boa leitura e boa aprendizagem!

ORGANIZAÇÃO DIDÁTICO-PEDAGÓGICA

Esta seção tem a finalidade de apresentar os recursos de aprendizagem utilizados no decorrer da obra, de modo a evidenciar os aspectos didático-pedagógicos que nortearam o planejamento do material e como o aluno/leitor pode tirar o melhor proveito dos conteúdos para seu aprendizado.

Introdução do capítulo

Logo na abertura do capítulo, você é informado a respeito dos conteúdos que nele serão abordados, bem como dos objetivos que a autora pretende alcançar.

Síntese

Você conta, nesta seção, com um recurso que o instigará a fazer uma reflexão sobre os conteúdos estudados, de modo a contribuir para que as conclusões a que você chegou sejam reafirmadas ou redefinidas.

Indicações culturais

Nesta seção, a autora oferece algumas indicações de livros, pesquisas acadêmico-científicas, músicas e produções audiovisuais que podem ajudá-lo a refletir sobre os conteúdos estudados e permitir o aprofundamento em seu processo de aprendizagem.

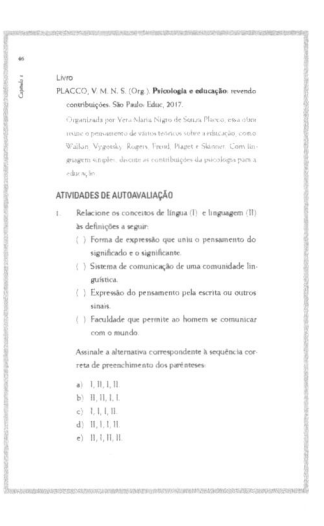

Atividades de autoavaliação

Com estas questões objetivas, você tem a oportunidade de verificar o grau de assimilação dos conceitos examinados, motivando-se a progredir em seus estudos e a se preparar para outras atividades avaliativas.

Atividades de aprendizagem

Aqui você dispõe de questões cujo objetivo é levá-lo a analisar criticamente determinado assunto e aproximar conhecimentos teóricos e práticos.

Bibliografia comentada

Nesta seção, você encontra comentários acerca de algumas obras de referência para o estudo dos temas examinados.

ADAMS, M. J. et al. **Consciência fonológica em crianças pequenas.** Porto Alegre: Artmed, 2005.

Nessa obra são abordadas diferentes maneiras de se despertar a consciência fonológica em crianças. Para tanto, os autores citam diversos jogos de linguagem, com exercícios que estimulam a escuta, trabalham com rimas e desenvolvem a capacidade de análise das palavras em sílabas e fonemas, entre outros.

CARVALHO, M. **Guia prático do alfabetizador.** São Paulo: Ática, 2005.

Com o objetivo de desenvolver atividades que estimulem o interesse das crianças pela leitura e a fim de ensinar alguns fatos sobre a escrita, a autora sugere propostas metodológicas para o ensino da leitura e da escrita com base no texto, na frase e na palavra contextualizados.

INTRODUÇÃO

No dia a dia, crianças e adultos utilizam linguagens para se comunicar e interagir com seus pares. A aprendizagem da fala se processa de maneira informal, e a da escrita, de maneira formal e escolarizada.

Para construir a oralidade, a leitura e a escrita, precisamos desenvolver a **capacidade de segmentar as palavras**. Tal capacidade está atrelada a três fatores: (1) a identificação de sequências sonoras e rimas; (2) o conhecimento acerca da segmentação de palavras e sílabas; e (3) a consciência metalinguística, essencial para o domínio da leitura.

Os estudos sobre a psicogênese da língua escrita com base na teoria de Ferreiro e Teberosky (1991) evidenciam que o período de alfabetização não corresponde somente à apropriação de um código. Mais que isso, é um processo no qual a criança elabora suas hipóteses de escrita para a construção do sistema alfabético.

Reforçando as concepções de Piaget e Vygotsky, sabemos que a aprendizagem se processa em uma relação interativa entre o sujeito e a cultura em que vive. Assim, o processo cognitivo de elaboração da linguagem escrita motiva o aprendiz, dá sentido à aprendizagem e permite que ele aplique esse saber em situações do dia a dia.

Conforme observa Colello (2004, p. 2), durante muito tempo a linguagem escrita foi entendida como uma mera sistematização do "B + A = BA", sendo a aquisição de um código em relação à forma de grafema. Com o tempo, passou-se a valorizar as variadas práticas de uso da linguagem escrita. Hoje, além de conhecer o funcionamento do sistema de escrita, é muito importante tomar parte nas práticas sociais letradas (o letramento).

É preciso repensar nossa atuação como professores para criar novas atitudes metodológicas diante da oralidade e do letramento, aperfeiçoando essas duas habilidades em conjunto, rumo a um objetivo maior, em vez de trabalhá-las isoladamente. Faz-se necessário que, juntos, construamos o conhecimento, possibilitando novas descobertas ao aprendiz e incentivando-o a ler, escrever e falar sobre suas experiências e histórias.

O preparo para os desafios do ensino da linguagem oral e escrita começa com novas reflexões sobre essa etapa. Alfabetizar é mais que tutelar a criança, é aprender com ela e orientá-la a dar significado à realidade em que está inserida.

1
DESENVOLVIMENTO DA LINGUAGEM

Antes de existir o alfabeto existia a voz
Antes de existir a voz existia o silêncio
O silêncio
(O silêncio – Arnaldo Antunes/
Carlinhos Brown – 1996)

Na música O silêncio, Arnaldo Antunes canta que a voz surgiu primeiro e, depois, a fala. Você concorda com isso? Sabe por que e como falamos? Já pensou nisso?

Neste primeiro capítulo, refletiremos sobre a aquisição e o desenvolvimento da linguagem, pois diariamente transmitimos nossos pensamentos e nossas emoções por meio de palavras, gestos e expressões faciais, entre outros códigos comuns ao locutor e ao interlocutor.

Inicialmente, diferenciaremos os conceitos de língua e linguagem para pensar na importância da psicolinguística e da aquisição da linguagem na aprendizagem. Explicaremos como se dá o desenvolvimento da linguagem nos anos iniciais até a vida adulta e, por fim, conheceremos as principais teorias de aquisição da linguagem.

1.1 LÍNGUA E LINGUAGEM

Segundo o Dicionário Houaiss, **língua** é o "sistema de representação constituído por palavras e por regras que as combinam em frases que os indivíduos de uma comunidade linguística usam como principal meio de comunicação e de expressão, falada ou escrita" (IAH, 2019). A **linguagem**, por sua vez, consiste em "qualquer meio sistemático de comunicar ideias ou sentimentos através de signos convencionais, sonoros, gráficos, gestuais etc." (IAH, 2019).

As línguas são "um tipo de linguagem, uma modalidade expressa através de palavras, utilizada por um grupo de indivíduos que formam uma comunidade (Minuzzi; Fachin, 2019). Cada língua guarda particularidades e signos linguísticos, dos mais simples aos mais complexos. O objetivo de todas elas é sempre o mesmo: a comunicação.

A partir dessas definições, podemos inferir que a linguagem torna mais fácil a compreensão da língua por meio de suas representações verbais e não verbais (imagens, pinturas, dança e outros). A língua é o que possibilita essa comunicação.

Cagliari (2010) afirma que em muitas escolas não se ensina como falar, não se discute o valor funcional dos segmentos fônicos da língua nem se trabalha com a morfologia, a sintaxe e a semântica. A criança muitas vezes escreve um texto, mas desconhece a precisão necessária para usar a linguagem formal corretamente. Por isso, o autor orienta os professores a fazerem seus alunos refletirem sobre a língua. As crianças precisam fazer atividades como compor novas palavras, analisar seu processo de formação, falar invertendo sílabas e ler de trás para a frente – tudo isso com destreza. Elas precisam saber **manipular a linguagem**. Mas, afinal, o que é linguagem?

De acordo com Cagliari (2010, p. 30), a linguagem existe "porque uniu um pensamento a uma forma de expressão, um significado a um significante", os quais formam o signo linguístico presente na fala, na escrita e na leitura. Eis o começo da linguagem. Uma criança que escreve "disi" em vez de *disse* "não está cometendo um erro de distração, mas transportando para o domínio da escrita algo que reflete sua percepção da fala" (Cagliari, 2010, p. 31).

Você sabia que a **linguística** é o estudo científico da linguagem? Essa ciência explica como a linguagem humana funciona e como são as línguas em particular. Segundo Cagliari (2010), há diversos ramos da linguística.

- **Fonética** – Estuda e classifica os sons da fala, chamados *fones*, a realização concreta dos elementos mínimos da linguagem articulada.
- **Fonologia** – Estuda os sons da língua do ponto de vista de sua função, os chamados *fonemas*.
- **Morfologia** – Ocupa-se do signo linguístico em sua expressão mais simples – isto é, o morfema – e analisa a combinação desses morfemas na formação de unidades maiores, como a palavra e o sintagma.
- **Sintaxe** – Estuda a relação das palavras na estrutura frasal.
- **Semântica** – Concentra-se na significação nas línguas naturais.
- **Pragmática** – Volta-se para o que se faz com a linguagem, em que circunstância e com que finalidade.
- **Análise do discurso** – Enfoca as "funções e usos da linguagem que caracterizam certas estruturas e tipos de discurso" (Cagliari, 2010, p. 46).
- **Psicolinguística** – Estuda os processos mentais relacionados à produção da linguagem.

- **Sociolinguística** – Dedica-se às relações entre língua e sociedade, analisando como o comportamento dos falantes é determinado pelas conjunturas sociais.

1.2 CONCEPÇÕES DA LINGUAGEM NA VISÃO PSICOLINGUÍSTICA

A convergência entre os estudos da psicologia e da linguística teve início no fim da década de 1950. Os psicólogos procuravam entender o funcionamento da linguagem para compreender a mente humana, enquanto os linguistas estavam interessados em discutir a relação entre pensamento e linguagem ou a ligação entre a ação de falar e a ação de pensar. Queriam descobrir se a linguagem era necessária ou não ao pensamento. Assim surgiu a **psicolinguística**, que uniu as duas áreas do conhecimento (Del Ré et al., 2009).

Conforme Maingueneau, professor de linguística no Departamento de Língua Francesa da Universidade de Paris, citado por Del Ré et al. (2009, p. 15), a psicolinguística é uma área de pesquisas variadas:

- **Produção de enunciados** – Compreensão do modo como o locutor passa da intenção à emissão de sons ou signos escritos.
- **Interpretação de enunciados** – Como se realiza o processamento mental da fala para entender o que ouve.

- **Memorização** – Como a memória armazena palavras, frases e textos.
- **Plurilinguismo** – Entendimento de como as diferentes línguas se desenvolvem na memória.
- **Patologias da linguagem** – Estudo dos problemas referentes à linguagem, como dislexia, incluindo os decorrentes de uma patologia mental e afasias.
- **Aquisição da linguagem** – Como as crianças, por volta dos 3 anos, são capazes de "fazer uso produtivo de sua língua" (Del Ré et al., 2009, p. 15).

Comecemos por dissertar sobre o pensamento do linguista estadunidense Noam Chomsky. Na década de 1960, o autor propôs que a diferença entre a espécie humana e os demais animais é a faculdade da linguagem. Para ele, a linguística tem como escopo "estabelecer uma descrição da linguagem humana que permita posteriormente descrever cada uma das línguas conhecidas" (Vila, 1995, p. 70). A linguística consistiria no "descobrimento de aspectos comuns ou universais linguísticos em todas as línguas faladas" (Vila, 1995, p. 70).

Chomsky aponta alguns aspectos importantes para o nascimento da psicolinguística. Em primeiro lugar, afirma que a fala é geneticamente determinada e que a aquisição da linguagem faz parte do código genético, sendo um "processo de desenvolvimento de capacidades inatas, de modo que os meninos e as meninas aprendem a falar da mesma forma que os pássaros aprendem a voar" (Vila, 1995, p. 70).

Em segundo lugar, Chomsky relaciona os universais linguísticos com a sintaxe. Esse modelo inspira o estudo da aquisição da linguagem a partir do conhecimento sintático presente nas produções infantis, e que varia conforme a fase do desenvolvimento das crianças.

Muitas das investigações do período buscavam descobrir em uma produção linguística a relação entre a forma e o significado. A forma sempre determina variações entre um significado ou outro.

Outro legado da década de 1960 é o do psicólogo suíço Jean Piaget, teórico que abordou os pré-requisitos cognitivos para o desenvolvimento da linguagem. O autor acredita que a "linguagem seja o principal elemento que defina a espécie humana; para ele a capacidade cognitiva especificamente humana onde a linguagem é a expressão" (Vila, 1995, p. 71). Sendo um sistema simbólico, a linguagem, para Piaget, é a construção da capacidade de simbolizar.

O psicólogo também estudou as estruturas da linguagem e concluiu, diferentemente de Chomsky, que não são nem inatas nem adquiridas, mas resultam de uma interação entre o desenvolvimento cognitivo e o ambiente em que se aprende. Piaget busca compreender como se dá esse desenvolvimento e se volta para a gênese da linguagem, recorrendo à epistemologia genética, à etologia e à psicanálise (Del Ré et al., 2009).

Em meados da década de 1970, com a filosofia da linguagem, surgiu uma nova perspectiva: a pragmática. Esta foi, então, incorporada aos estudos sobre a aquisição da linguagem. Já não bastava aprender a falar com as regras fonológicas, semânticas e sintáticas; era preciso saber como usá-las. Se a linguagem é vista como **comunicação** e obrigatoriamente comporta uma **intenção**, é por meio dela que pretendemos que os interlocutores tomem consciência de algo que está em nossa mente. Assim, podemos:

- **regular a conduta de outra pessoa** ("Venha cá"; "Vai lá"; "Pegue o lápis");
- **informar algo referente a nós mesmos** ("Não gosto de carne"; "Este mês estou de férias");
- **comunicar sobre algo que nos cerca** ("O leite acabou", "A chuva está forte").

Para aprender a falar, precisamos aprender a compartilhar um tema e comentar sobre ele (Vila, 1995).

Nos anos 1980, a psicolinguística passou pelo período cognitivo, no qual descreveu e explicou o processamento das estruturas linguísticas. Assim, a psicologia e a linguística procuram discutir as experiências do indivíduo ao falar, escrever, ouvir e ler (Del Ré et al., 2009).

1.3 O INÍCIO DA COMUNICAÇÃO: FASE PRÉ-LINGUÍSTICA

O recém-nascido é um ser ativo e recebe constantes estímulos e, por isso, precisa processar e organizar as informações que recebe.

Os adultos tendem a adequar suas ações observando as do bebê, como "agora ajo eu", "agora age você". Essa prática recebe o nome de *protoconversação* (Vila, 1995). Sabemos que, na maioria das vezes, os adultos interpretam as condutas dos bebês por meio da análise do choro. Assim, reconhecem o choro de fome, de troca de fralda, de sono, entre outros.

O adulto estabelece, assim, um marco estável de interação. Cada vez que o bebê acorda, encontra um contexto no qual suas condutas são interpretadas com poucas variações.

Segundo Rojo (2006b), alguns pesquisadores acreditam que a comunicação surgiu das necessidades práticas de sobrevivência do grupo humano. Vygotsky, citado por Rojo (2006b), afirma que muitos animais, sobretudo primatas, dispõem de linguagem comunicativa. Por meio de um repertório limitado de gritos e ruídos, eles chamam, avisam, convidam etc. Essa linguagem comunicativa é constituída de sinais ou índices que provocam certo comportamento de reação nos outros elementos do grupo.

Os sinais ou índices são "entendidos como parte de um comportamento que comunica uma mensagem a outro membro da espécie" (Rojo, 2006b, p. 12). A autora ainda cita o exemplo do bebê que estica os braços pedindo colo. Ele produz o movimento, mas o adulto é que interpreta como um pedido. Assim, o gesto torna-se um símbolo (Rojo, 2006b).

A linguagem, além de indicar e comunicar, representa e designa (Rojo, 2006b). Pensemos na palavra *boi*. Seu símbolo "como a pintura rupestre, os desenhos, os jogos simbólicos – os objetos da realidade (**referentes**) estão mais ou menos realisticamente representados" (Rojo, 2006b, p. 13-14, grifo do original). O significante, para significar, reproduz aspectos (forma, figura, movimento etc.) do referente objeto do mundo.

O signo da palavra *boi* não "reproduz qualquer aspecto físico do animal em questão" (Rojo, 2006b, p. 14). A representação da linguagem verbal precisa convencionar que o som vocal *boi* designa ou significa o objeto da realidade.

Por essa razão é que se diz que os signos são arbitrários, convencionados (Rojo, 2006b).

Em resumo, a linguagem comunicativa animal é composta de sinais ou índices, e "a linguagem comunicativa humana representa e designa, contando também com **símbolos** e **signos**" (Rojo, 2006b, p. 14, grifo do original). Podemos combinar signos e símbolos entre si, tornando-os mais complexos, como em frases e textos (Rojo, 2006b).

Voltando ao desenvolvimento do bebê, com o passar dos meses, a maturação biológica permite incorporar novas situações interativas. Nos três primeiros meses de vida, o início da comunicação relaciona-se à vida social entre o bebê e quem cuida dele, surgindo os rudimentos da consciência.

Aos 4 meses, o mundo da criança são dois: o mundo dos adultos e o mundo das coisas (objetos). Entre 4 e 6 meses, adultos e criança começam a diversificar seus jogos. O foco da atenção dirige-se a temas externos cada vez mais complexos e há um progresso no domínio da comunicação.

O psicólogo norte-americano Jerome Bruner (citado por Vila, 1995), estuda a relação entre os jogos e a aquisição da linguagem empregando o nome de *formatos*. Ele identifica os seguintes formatos:

- **de ação conjunta**, em que adultos e crianças agem conjuntamente sobre o objeto, como os jogos de "dar e tomar", "tirar e colocar" e os jogos de esconder, nos quais o adulto se esconde ao cobrir o rosto com um lençol;

- **de atenção conjunta**, situações em que o adulto e a criança observam o objeto, como em leitura de livros;
- **mistos**, com características da atenção e ação conjunta.

Em todos esses formatos, adulto e criança interagem criando procedimentos arbitrários e convencionais para seguir a conduta do companheiro.

Bates et al. (citadas por Soares, 2006), classificaram o desenvolvimento do período pré-linguístico em três fases: (1) perlocutória, (2) ilocutória e (3) locutória. O estudo baseou-se em observações das interações entre mãe e filho, tendo como sujeitos de pesquisa crianças de 2, 6 e 12 meses.

Na **fase perlocutória**, a criança "dispõe de um sistema pré-figurado de 'intencionalidade' e predisposições para fins sociais" (Soares, 2006, p. 15). A criança, nesse período, não tem controle sobre esse efeito, e o ouvinte (adulto) interpreta como sinais de interação.

Na **fase ilocutória**, a criança usa "intencionalmente sinais não verbais para pedir e dirigir a atenção do adulto para objetos e eventos" (Soares, 2006, p. 16). A criança aprende a sinalizar como dar o objeto, mostrar e apontar para conseguir a atenção do adulto.

Por fim, na **fase locutória**, a criança constrói proposições e emite sons e palavras com valor simbólico.

Muitas crianças frequentam a escola ou creche desde muito pequenas. Daí a necessidade de o professor conhecer o processo pelo qual se dá o domínio de habilidades comunicativas a partir de vivências variadas. Para assegurar o processo de comunicação, é necessário interagir com a criança para estimular seu desenvolvimento e assentar as condutas dos participantes.

Os padrões de normalidade do desenvolvimento da linguagem variam em função da idade, respondendo ao ambiente social em que a criança cresce (se tem acesso à informação e tecnologia, por exemplo).

De acordo com Cardoso (2003), até os 3 meses o bebê apenas emite sons vocálicos e guturais sem valor linguístico. Nessa fase, a criança percebe sons e busca sua fonte, bem como identifica a voz da mãe. Entre os 3 e 6 meses, ocorre a lalação, que consiste em uma fonação lúdica. Por volta dos 9 meses, é possível perceber que a criança repete sons e presta atenção neles, vocalizando principalmente quando está sozinha. Até 1 ano, a criança já consegue compreender palavras simples e reage a ordens pouco complexas. Nessa fase também é capaz de fazer pedidos simples e suas vocalizações são mais claras. Entre 1 e 2 anos, surgem, gradativamente, as primeiras palavras e as frases de dois elementos, os verbos de ações concretas são assimilados e a criança passa a usar o próprio nome. Também nessa idade, a criança é capaz de acompanhar narrativas simples e associar objetos a seus nomes.

Perceba como as crianças aprendem tanto em tão pouco tempo, tornando-se membros da comunidade linguística. Elas são capazes de produzir e compreender uma grande variedade de enunciados na língua a que estão expostas, sem nenhum ensino consciente por parte dos adultos (Pedroso et al., 2009).

1.4 DESENVOLVIMENTO DA LINGUAGEM

As crianças acompanham os gestos mediante vocalizações e, assim, interagem com os adultos e seu meio. Essas manifestações fonéticas são estáveis (Vila, 1995). Por meio delas, as crianças se tornam capazes de marcar entonativamente suas produções, de modo que os adultos não tenham dificuldades excessivas em interpretar os pedidos, os aceites e as saudações que fazem.

No primeiro ano de vida, os gestos, as expressões faciais e o olhar constituem os procedimentos mais comuns na comunicação de um bebê. No segundo ano, a criança começa a emitir algumas palavras, aumentando o vocabulário pouco a pouco, entre os 20 e os 24 meses.

As verbalizações acompanham suas ações e tendem a ser estáveis e pronunciadas de forma sistemática como o termo *pronto*. A criança emprega essa palavra em diferentes situações diárias, por exemplo, logo após usar o banheiro, quando acaba de comer e quando guarda seus brinquedos. Outra palavra muito utilizada nas mesmas situações é *fim*, que a criança também emprega quando termina a leitura de um livro.

À medida que a criança estabelece o significado das palavras, compreende cada vez melhor o aspecto instrumental da linguagem. Com isso, começa a incorporar palavras com um claro valor referencial (Vila, 1995), como água e *bola*, que são reconhecidas como mais eficazes e econômicas em relação às funções comunicativas, anteriormente realizadas por meio de gestos.

A criança passa a "reconhecer que a linguagem reflete a realidade" (Vila, 1995, p. 77). Surge, então, o *insight* **designativo** que aparentemente a faz descobrir que a realidade pode ser designada pela linguagem. Contudo, nessa fase, algumas palavras ditas pelas crianças não têm o mesmo significado dado pelos adultos e apresentam um significado idiossincrático "relacionado aos traços perceptivos ou funcionais dos objetos, das pessoas ou das ações" (Vila, 1995, p. 78).

A criança, então, pode empregar a mesma palavra para diferentes pessoas. Assim, *iaia* pode ser a tia, a pessoa que cuida ou a avó. E *au-au* pode ser qualquer animal de quatro patas. Com a ampliação do vocabulário, o *insight* designativo dá espaço a outras interações do contexto, ampliando as palavras e seus significados.

Entre o período pré-linguístico e o linguístico existe uma **continuidade funcional**, de forma que as primeiras palavras geralmente estão inseridas em situações interativas, cumprindo as mesmas funções que os gestos que elas substituem (Vila, 1995). A capacidade linguística evolui e a linguagem começa a fazer parte da vida da criança, tornando-se a "correspondência entre significantes e significados" (Vila, 1995, p. 150). Segundo Vila (1995, p. 150), "os significantes são construídos combinando-se esses elementos de acordo com uma lógica de inclusão hierárquica: os fonemas integram as palavras que se combinam em orações, que se encadeiam no discurso".

Assim, em uma dimensão mais formal, "adquirir linguagem é aprender a produzir e usar significantes cuja morfologia particular seja cada vez mais ajustada às regras convencionais" (Vila, 1995, p. 150). A linguagem como instrumento mediado da conduta tem uma perspectiva funcional: a **comunicação**

no meio social. De acordo com o enfoque pragmático, a linguagem "nos dá a capacidade de fazer coisas com palavras, se fazemos um pedido, chamamos um conhecido, dizemos o objeto de nossa escolha ou lamentamos nosso azar, estamos nos comportando através da linguagem" (Vila, 1995, p. 150).

Dessa maneira, o valor funcional da linguagem se deve ao processo comunicativo no plano do convencional. Do ponto de vista funcional, "a comunicação só é possível quando os interlocutores conferem o mesmo valor a suas expressões linguísticas" (Vila, 1995, p. 151).

Nessa análise, segundo a mesma autora, a aquisição da linguagem consiste em aprender a usá-la como instrumento para regular as interações com os outros. À medida que conhecemos e compartilhamos os significados, desenvolvemos a capacidade de interagir com os outros. Assim, somos aprendizes da língua desde os primeiros anos de vida até a idade adulta. Dominamos progressivamente as habilidades do uso da linguagem, relacionando-a ao meio social e à capacidade intelectual.

Com o desenvolvimento individual, a linguagem torna-se mais variada e complexa, sendo usada mais corretamente. Aspectos como estruturação e convencionalidade definem o progresso no domínio das habilidades linguísticas (Luque; Vila, 1995). No Quadro 1.1, elencamos algumas características de cada fase a fim de analisar melhor a evolução da capacidade linguística.

Quadro 1.1 – Aquisição da linguagem segundo a fase de desenvolvimento da criança

Fase	Características
De 0 a 2 anos	• Estágio sensório-motor – elaboração e coordenação dos esquemas sensoriais e motores. • Sorriso e choro – recurso vocal e gestual, base da comunicação pré-linguística. • Do 4º ao 9º mês – balbucio, lalação, experiência vocálica. • A partir do 9º mês – primeiras vogais ([a] [e] [ɛ]). • A partir do 12º mês – primeiras consoantes ([p], [t], [m]) e acréscimo de palavras aos gestos. • Do 18º ao 20º mês – consolidação da emissão dos fonemas corretos; pronunciação de vogais e alguns ditongos; primeiras flexões dos substantivos e dos verbos.
De 2 a 4 anos	• Com novos interlocutores e contextos variados, a criança se esforça para melhorar a compreensão de sua fala. Até os 3 anos, as dificuldades para pronunciar ditongos desaparecem e ocorre progresso nas consoantes. • Até os 4 anos, o repertório fonético está quase completo. • O léxico cresce num ritmo notável. O pronome da terceira pessoa começa a ser utilizado; os possessivos são compreendidos, mas não utilizados (as crianças dizem "É da mamãe" em vez de "É dela"). • As perguntas são marcadas pela entonação, com uso de "O que?" e "Onde?".
De 4 a 7 anos	• Experiências pré-escolares aumentam a diversificação dos contextos de fala com mais clareza e compreensão das produções verbais. • Até os 7 anos, espera-se o domínio completo de todos os sons da língua e suas combinações. • Aumento do vocabulário e do significado das palavras. • Nos pronomes, a distinção do gênero é clara e consistente aos 5 anos; a partir dos 6, ocorre a distinção de número. • Melhora do uso dos modos verbais. • A sintaxe se torna mais complexa e os verbos nem sempre estão ajustados corretamente. • No final desse período, a leitura e a escrita introduzem a criança numa nova dimensão do uso da linguagem.

(continua)

(Quadro 1.1 – conclusão)

Fase	Características
De 7 a 12 anos	• Domínio das habilidades básicas de leitura e escrita, facilitada pela aquisição de novos símbolos e novas linguagens. • O léxico aumenta à medida que o conhecimento se consolida e seu uso torna-se mais correto. • A sintaxe torna-se mais complexa e seu uso adapta-se à prática social. • As concordâncias de artigos e pronomes são aprimoradas. • Distinção das nuances de tempo (passado) e de aspecto (ação acabada e o modelo condicional do subjuntivo). • Avanço no uso de pronomes, referências intraverbais de objeto direto e indireto, formas sintáticas da voz passiva e o manejo de referências temporais sob a perspectiva do outro.
Da adolescência à fase adulta	• Estabilização do uso da linguagem e aprendizado de léxico especializado. • Crescimento ilimitado do vocabulário. • Desenvolvimento completo da gramática. • Ocorrência normal de erros na escolha do tempo verbal das orações subordinadas ou condicionais e nos usos do subjuntivo. • Uso consciente dos recursos expressivos da linguagem.

1.5 TEORIAS INTERACIONISTAS DE AQUISIÇÃO DA LINGUAGEM

Delinearemos a seguir diferentes concepções sobre a teoria interacionista de aquisição da linguagem. Não é nossa pretensão realizar uma descrição detalhada, mas apresentar uma visão geral dos teóricos que desenvolveram essa teoria.

1.5.1 TEORIA INTERACIONISTA DE JEAN PIAGET

Piaget organizou seus estudos com base na observação do desenvolvimento de seus três filhos. Conduziu esse estudo sempre apoiado em dois pilares: a lógica e a psicologia genética. Conforme Soares (2006, p. 2), Piaget definiu a inteligência como "uma das manifestações da vida, isto é, uma forma de adaptação, sendo a ação a interação do homem com o meio". Isso significa que "uma conduta cognitiva é uma ação" e ocorre por meio da interação, em um processo contínuo. Por meio dos processos de **assimilação** e **acomodação**, o sujeito coordena suas ações em um nível de complexidade mais alto (Soares, 2006).

Piaget classificou o período de 0 a 2 anos como **estágio sensório-motor**. É uma fase de adaptação prática ao mundo exterior, pois o bebê parte de seus reflexos para, progressivamente, organizar suas percepções sucessivas e movimentos para a interação com os objetos reais de seu meio ambiente (Soares, 2006).

As condutas sensório-motoras dizem respeito ao próprio corpo (sucção, audição e visão), orientando-se, em seguida, aos objetos externos. Os primeiros esquemas de ação, como sucção e preensão, se estendem a objetos diversos e as ações se modificam diante de um novo objeto (Soares, 2006). Assim, os esquemas de ação (sucção e preensão) surgem quando o bebê olha um objeto e depois o pega. Ao tê-lo em mãos, olha e coloca-o na boca. Mais tarde, pode também utilizar outro objeto. Esse é um pensamento representativo (rudimentar), que se inicia com a "capacidade de evocar objetos e eventos ausentes, seja por gestos, seja através de outros objetos" (Soares, 2006, p. 3).

Esse mecanismo envolve a dimensão de uma nova inteligência, permitindo a elaboração de processos mentais que se tornam complexos, pois precisam coordenar ações ligadas a antecipações em torno de um objeto concreto. De tal maneira, a inteligência faz uma representação desse objeto junto à ação. O bebê classifica e reflete sobre a distância espaço-temporal entre ele e o objeto, o que faz despontar, aos poucos, uma abstração ilimitada (Soares, 2006).

Nessa fase, a criança também utiliza a imitação e copia gestos do adulto, os quais gradativamente transformam-se em "atos de inteligência representativa e em jogos simbólicos acompanhados de vocalizações ou palavras" (Soares, 2006, p. 4).

O papel da linguagem está no pensamento, na ação e nos mecanismos sensório-motores, mais do que no fato linguístico. Conforme Piaget (citado por Soares, 2006, p. 4), "a linguagem transmite ao indivíduo um sistema todo preparado de noções, de classificações, de relações, enfim, um potencial inesgotável de conceitos que se reconstroem em cada indivíduo, apoiados no modelo multissecular já elaborado em gerações anteriores".

Para Piaget, a linguagem constitui uma condição necessária, embora não seja suficiente para a construção das operações lógicas. Para que isso aconteça, processos de abstração empírica devem ser realizados sobre os objetos. Deve-se priorizar, sobretudo, as vias de abstrações do pensamento que se aplicam a ações, levando a suas coordenações.

1.5.2 TEORIA INTERACIONISTA DE HENRI WALLON

O médico francês Henri Wallon desenvolveu uma teoria sobre as lesões cerebrais e as anomalias psicomotoras em feridos de guerra, contribuindo para muitas reflexões educacionais e experiências práticas. Seu objetivo era compreender o desenvolvimento psicomotor humano sob uma perspectiva psicogenética. Perceberemos agora o quanto suas ideias continuam atuais e instigantes.

Na obra de Wallon, depreendem-se dois eixos organizadores a estruturar seus estudos: a psicologia e a educação. Na psicologia, desenvolveu a **teoria do desenvolvimento**, "onde aprendeu, descreveu, explicou a relação natural, necessária, vital entre a criança e seu meio" (Mahoney, 2017, p. 9). Dessa relação evolutiva surgiram os estudos sobre a educação consciente, intencional, "procurando promovê-la, ordená-la, sistematizá-la" (Mahoney, 2017, p. 10).

A educação também é uma relação evolutiva. Os conhecimentos derivados do estudo da interação entre a criança e o meio constituem a **ação educativa**. Educar exige o conhecimento da individualidade do educando do modo como ele se relaciona com seu meio. A escola tem uma grande responsabilidade, pois, assim como a família, é um instrumento indispensável para o desenvolvimento da criança, influenciando intensamente na formação de sua personalidade. Por isso, é importante que a escola tenha consciência dos efeitos e percepções que produz nas crianças, como o modo de existência, o modo de sentir, o modo de se relacionar com a cultura e com as pessoas. Ela é uma oficina de relacionamentos, de conhecimentos e de movimentos (Mahoney, 2017).

Para Wallon, a motricidade ou a psicomotricidade é o "substrato de toda a atividade mental, desde que dialeticamente ligada à emoção, resultado de uma primeira troca expressiva da criança com o entorno humano e anterior à interação com o mundo objetivo" (Soares, 2006, p. 5). Na concepção de Wallon, o desenvolvimento cognitivo é um "processo descontínuo e eminentemente social, em que a linguagem terá um papel fundamental" (Soares, 2006, p. 5).

Wallon dividiu o desenvolvimento da criança em dois estágios: **estágio impulsivo e emocional** (0 a 1 ano) e **estágio sensório-motor e projetivo** (1 a 3 anos). No primeiro, a atividade é reflexa, vinda dos movimentos impulsivos (espasmos, gritos e crispações) globais e não coordenados. O ato motor volta-se à investigação e à exploração (visão, audição, preensão e marcha) dos objetos físicos, levando a criança a um novo estágio em seu desenvolvimento: o **período sensório-motor**. Nesse período, a "atividade tônica, automática e afetiva evolui para uma atividade relacional com o mundo dos objetos" (Soares, 2006, p. 6). No segundo, a característica é o movimento como suporte da representação. Por volta de 1 ano, a criança desenvolve a capacidade de coordenar seus movimentos aos dos objetos. As atitudes imitativas têm um papel importante na formação dessa intencionalidade (Soares, 2006).

Nesse último estágio, a linguagem tem um papel decisivo no processo de identificação e localização dos objetos, pois permite à criança focalizar o utensílio e o comparar a outros semelhantes. Antes de representar a linguagem, a criança realiza outro tipo de atividade: a projetiva, definida como a representação de algo atrelado ao gesto que a desencadeia. É caracterizada, portanto, por realizações ideomotoras, que são "projeções de imagens mentais em atos que as realizam" (Soares, 2006, p. 7). Aos poucos, esses ideomovimentos dão espaço a condutas imitativas e à representação de um objeto na ausência deste ou de seus movimentos.

A imitação reproduz um modelo e exterioriza sua materialidade por meio de sucessões de atos. A representação é "atemporal, autônoma e definitiva" (Soares, 2006, p. 8).

A passagem da inteligência prática para a discursiva requer da criança a resolução de conflitos, o que exige uma maturação das estruturas autônomas e funcionais. De acordo com Soares (2006, p. 8), "Onde Piaget detecta apenas um aumento no grau de complexidade dos mecanismos de assimilação e acomodação presentes durante o desenvolvimento cognitivo, Wallon aponta diferenças qualitativas de interação com o mundo".

Wallon considera que o grau de complexidade é um conflito a ser "resolvido à medida que o sujeito consegue superar o símbolo concreto e individual e penetrar no signo abstrato e socialmente convencionado" (Soares, 2006, p. 8).

A linguagem propicia um ajuste de "movimentos e sequências de movimentos imitados, instrumentalizando a criança a conceber coisas desprendidas das situações e do espaço físico", além de classificá-las e ordená-las no espaço mental e abstrato (Soares, 2006, p. 8).

Ao final dos 2 anos, a linguagem permite à criança a construção de um mundo conceitual entre a linguagem e o pensamento, que aos poucos estruturará o pensamento categorial, próprio da fase adulta (Soares, 2006).

1.5.3 TEORIA INTERACIONISTA DE LEV VYGOTSKY

Vygotsky, psicólogo soviético, interessou-se pelas funções psicológicas superiores típicas do comportamento humano: como pensar, falar, agir e ter consciência das coisas. Para ele, "a relação do bebê com o mundo é direta: as ações reflexas, automatismos ou processos de associação simples de eventos" (Soares, 2006). O choro, o riso e o balbucio têm clara função de alívio emocional e servem como meio de contato social e de comunicação entre as pessoas (Oliveira, 1998).

Assim, Vygotsky atribui um papel de grande importância à **interação social**. O teórico afirma que é no contato cultural de um "grupo social determinado que o bebê, sujeito biológico, transforma-se gradativamente em um sujeito sócio-histórico" e que essa interação com o mundo será indireta, com mediação dos sistemas simbólicos característicos dos processos psicológicos superiores (Soares, 2006, p. 9).

Quando a criança se apropria da linguagem, interagindo com o outro, ela se relaciona com o interlocutor de forma diferente e organiza seu comportamento intelectual. A fala possibilita que a "criança oriente e controle suas ações sobre o meio" (Pino, 2017, p. 44). Sem a linguagem, não há como pensar na realidade, mesmo se ela for conhecida, nem organizar e planejar ações. A fala, segundo Vygotsky (citado por Pino, 2017), não se reduz ao mundo simbólico, refere-se aos signos em termos gerais, como os gestos. Para ele, a ideia de signo avança na elaboração ao analisar "a relação entre fala e pensamento" (Pino, 2017, p. 44).

A criança depende de signos externos para significar suas ações dirigidas aos objetos. Ao internalizá-los, precisa reconstruir a situação, significando suas ações. Disso aparecerão palavras disponíveis na língua falada de sua comunidade. É comum que a percepção de certa palavra mude ao longo do desenvolvimento, pois dependerá do significado socialmente convencionado e dos sentidos a ela atribuídos nas experiências sócio-históricas vividas pela criança em suas interações. Até "mais ou menos dois anos, uma palavra é concebida pela criança como propriedade de um objeto" e não como uma função simbólica (Soares, 2006, p. 11).

Segundo Pino (2017, p. 45), o que caracteriza "o signo é ser um meio inventado pelos homens para representar-se a realidade, material ou imaterial, de maneira a poder compartilhar entre si o que sabem a respeito dela" (Pino, 2017, p. 45). O simbólico parte da representação e pressupõe as realidades concretas que representa.

Como sistema simbólico comum a todos os grupos sociais, a linguagem tem o papel de constituir o pensamento, pois possibilita a concepção e a organização do real. A função simbólica pode ser internalizada e constitui uma forma de discurso interior, voltada para o sujeito que se "completará nas fases mais avançadas do processo de aquisição da linguagem, tornando o pensamento definitivamente consciente" (Soares, 2006, p. 11).

Conforme Oliveira (1998), em um dado momento do desenvolvimento filogenético (história da evolução das espécies), a trajetória do pensamento desvinculado da linguagem e a da linguagem independente do pensamento uniram-se; assim, o pensamento passou a ser verbal, e a linguagem, racional. Com essa união, o ser humano passa a ter a sua disposição um modo psicológico mais sofisticado mediado pelo sistema simbólico da linguagem (Oliveira, 1998).

Para uma associação entre o pensamento e a linguagem durante as atividades humanas, é preciso um planejamento e a comunicação social. Para agir coletivamente, o grupo humano necessita de um sistema de comunicação que permita a troca específica e a ação com significados para serem compartilhados pelos indivíduos no projeto coletivo. Assim, o surgimento da linguagem verbal e da linguagem como sistema de signos é um momento em que o biológico transforma-se no sócio-histórico.

Segundo Pino (2017), a linguagem extrapola o campo da observação e da percepção. É pela palavra, oral ou escrita, que se interage com as pessoas. Cabe à palavra significar o que são as coisas e as ideias que temos a respeito delas. Então, sugere-se um desafio à educação formal: colocar a criança no mundo da linguagem e fazer da prática pedagógica um lugar da palavra, em que as crianças falam e investigam os significado. Por meio das funções superiores, o saber está atrelado ao fazer. O saber, portanto, é palavra e ação.

SÍNTESE

Neste capítulo, explicamos como ocorrem os processos de aquisição e desenvolvimento da linguagem sob diferentes abordagens: em uma visão psicolinguística, nas interações pré-linguísticas e linguísticas e nas teorias interacionistas no desenvolvimento da linguagem.

A linguagem está em constante transformação, seja nas relações entre o sujeito e o objeto, seja na interação um com o outro no desenvolvimento cognitivo. Desde o nascimento até a vida adulta, estamos imersos na linguagem em um complexo sistema simbólico para um pensamento consciente e linguístico. As contribuições teóricas aqui estudadas nos fazem pensar que, por meio das ações, a criança se apropria da linguagem em interação com a cultura. Assim, cada vez mais ações são apreendidas.

INDICAÇÕES CULTURAIS

Artigo

SOARES, M. V. Aquisição da linguagem segundo a psicologia interacionista: três abordagens. **Revista Gatilho**, Juiz de Fora, ano 2, v. 4, set. 2006. Disponível em: <https://periodicos.ufjf.br/index.php/gatilho/article/view/26877>. Acesso em: 23 jul. 2019.

Nesse artigo, Maria Vilani Soares discute três teorias psicológicas interacionistas sobre o desenvolvimento infantil na elaboração da aquisição da linguagem, baseadas em Piaget, Wallon e Vygotsky.

Livro

PLACCO, V. M. N. S. (Org.). **Psicologia e educação**: revendo contribuições. São Paulo: Educ, 2017.

Organizada por Vera Maria Nigro de Souza Placco, essa obra reúne o pensamento de vários teóricos sobre a educação, como Wallon, Vygotsky, Rogers, Freud, Piaget e Skinner. Com linguagem simples, discute as contribuições da psicologia para a educação.

ATIVIDADES DE AUTOAVALIAÇÃO

1. Relacione os conceitos de língua (I) e linguagem (II) às definições a seguir:

    ( ) Forma de expressão que uniu o pensamento do significado e o significante.

    ( ) Sistema de comunicação de uma comunidade linguística.

    ( ) Expressão do pensamento pela escrita ou outros sinais.

    ( ) Faculdade que permite ao homem se comunicar com o mundo.

    Assinale a alternativa correspondente à sequência correta de preenchimento dos parênteses:

    a) I, II, I, II.
    b) II, II, I, I.
    c) I, I, I, II.
    d) II, I, I, II.
    e) II, I, II, II.

2. O pensamento de Chomsky mudou as concepções sobre a linguagem na década de 1960. Indique se as afirmações a seguir são verdadeiras (V) ou falsas (F):
   ( ) Chomsky estabeleceu, pela linguagem, a diferença entre a espécie humana e outras espécies de animais.
   ( ) Chomsky realizou estudos importantes para a neurociência.
   ( ) Para Chomsky, a linguagem é inata.
   ( ) Chomsky acredita que a sintaxe descreve aspectos comuns das línguas faladas.
   ( ) Piaget, em seus estudos, concordou com Chomsky sobre o fato de a linguagem ser um processo inato e adquirido.

   Assinale a alternativa correspondente à sequência correta de preenchimento dos parênteses:
   a) F, F, F, V, V.
   b) F, V, V, F, V.
   c) V, F, V, V, F.
   d) F, F, V, V, F.
   e) V, V, V, V, V.

3. Há pesquisas sobre as estruturas do desenvolvimento que dividem a interação entre mãe e filho no período pré-linguístico em três fases. Relacione cada fase a suas características:
   I. Perlocutória
   II. Ilocutória
   III. Locutória

( ) As palavras têm um valor sonoro.
( ) Não há controle sobre o que é pedido e o adulto interpreta como sinais de interação.
( ) A criança sinaliza objetos para conseguir atenção.
( ) A criança utiliza os sinais não verbais para pedir e dirigir a atenção do adulto para objetos e eventos.
( ) A criança dispõe de um sistema pré-figurado de intencionalidade.

Assinale a alternativa correspondente à sequência correta de preenchimento dos parênteses:

a) I, III, II, I, II.
b) III, I, II, II, II.
c) I, II, III, II, II.
d) II, I, III, III, II.
e) I, I, II, II, III.

4. Segundo a teoria interacionista de Wallon:
   a) a atividade mental não está ligada à emoção.
   b) o papel da linguagem está no pensamento da ação mais do que o fato linguístico.
   c) a expressão emotiva é uma pré-linguagem.
   d) a criança depende de signos externos para significar suas ações dirigidas aos objetos.
   e) as atividades automáticas e afetivas não evoluem para uma atividade relacional com o mundo dos objetos.

5. O desenvolvimento da linguagem classifica-se em:
   a) protolinguagem e linguística.
   b) pragmática e pré-linguística.
   c) linguística e linguagem.
   d) pré-linguística e linguística.
   e) protolinguagem e pragmática.

ATIVIDADES DE APRENDIZAGEM

Questões para reflexão

1. A fim de ampliar seu conhecimento sobre o desenvolvimento da linguagem, diferencie os períodos pré--linguístico e linguístico. Releia o capítulo e caracterize o desenvolvimento da linguagem nesses períodos. Anote suas conclusões.

2. Como o adulto pode ajudar o bebê no desenvolvimento pré-linguístico? Cite vivências para justificar sua resposta.

Atividade aplicada: prática

1. Pesquise um pouco mais sobre Vygotsky e o que ele diz sobre pensamento e linguagem. Organize uma lista com as principais ideias e observe como elas são aplicadas em sala de aula. Para a realização dessa atividade, sugerimos a leitura da seguinte obra:

   OLIVEIRA, M. K. de. **Vygotsky**: aprendizado e desenvolvimento – um processo sócio-histórico. São Paulo: Scipione, 1998.

2 DESENVOLVIMENTO DA LINGUAGEM ORAL

O que é a linguagem oral? Segundo Rojo (2006b, p. 21), a linguagem oral envolve "conversar, contar e recontar experiências vividas, ouvir e contar histórias e contos, imitar adultos ou outras crianças falando". Enfim, são várias as oportunidades de construção da linguagem e suas capacidades de comunicação.

Para desenvolver a linguagem, é importante que a criança interaja com adultos sobre suas descobertas, medos, regras e sentimentos. Assim, diálogo é compartilhado pelos interlocutores, cada um a seu tempo. Para Rojo (2006b, p. 23, grifo do original), "não há **uma** linguagem oral, mas variedades do oral – **os orais** – em muitos gêneros, uns mais elaborados, usados em situações mais formais e públicas, frequentemente relacionados de maneira complexa com a escrita, e outros mais cotidianos, usados em situações privadas e informais".

Neste capítulo, discutiremos os principais aspectos envolvidos no desenvolvimento da linguagem oral.

2.1 A LINGUAGEM ORAL NA INFÂNCIA

O desenvolvimento da linguagem começa já no nascimento de uma criança, pois "a mãe interpreta o choro, as ações, os sons, os gestos do bebê (**índices**), atribuindo-lhes sentido" (Rojo, 2006b, p. 25, grifo do original). Por meio dessas ações e da exposição do bebê aos jogos de linguagem ou cantigas, os adultos tornam-se presentes no mundo da criança (Rojo, 2006b).

Vygotsky (citado por Rojo, 2006b, p. 25) comenta o momento em que o bebê passa a usar o gesto de apontar. Quando ele não consegue pegar algo ou falar alguma coisa, ele aponta para o objeto e o adulto interpreta: "Você quer a boneca?"; "Você quer o ursinho?", e alcança o objeto. Com a repetição dessa interação, a criança discrimina o objeto, ouve diversas vezes o nome e especializa um gesto significativo e simbólico: o gesto de apontar (Rojo, 2006b).

Um jogo de linguagem muito utilizado com os bebês é o de esconder ("Cadê o bebê? Achou!"). O adulto põe um pedaço de pano sobre o rosto do bebê ou sobre o próprio rosto e, ao tirar, diz: "Cadê? Achou!". Esse jogo está presente em várias culturas (Rojo, 2006b).

Jogos desse tipo preparam o diálogo, pois vêm acompanhados de fala pelo adulto e de respostas das crianças, como risos ou balbucios. Isso leva a criança a representar as coisas do mundo, mesmo em sua ausência. Piaget chamou esse jogo de linguagem de ausência e permanência dos objetos. Essas construções ocorrem no fim do período sensório-motor.

Segundo Rojo (2006b, p. 26, grifo do original), "os primeiros sons que o bebê faz são aqueles do **balbucio**", nos quais os sons da fala já estão presentes. Depois, esses sons vão se especializando nos sons da língua do país onde a criança nasceu, numa variedade de jogos interativos de linguagem. E assim as primeiras palavras vão surgindo.

Portanto, tudo o que a criança aprende depende de uma interação com outra pessoa (mãe, pai, avós, tios, irmãos etc). Ela começa a falar uma palavra, depois duas, forma frases e inicia o diálogo com o adulto e outras crianças. Primeiro é uma fala mais simplificada, pois ela não se apropriou de alguns sons de sua língua. Mais tarde, passa a seguir o padrão da comunidade de fala em que vive.

Há um ajuste nas conversas que podemos chamar de *jogo dialógico*. Segundo Bakhtin (citado por Berberian e Bergamo,

2009, p. 58), "a fala é prenhe da resposta", ou seja, toda vez que falamos nos dirigimos a alguém, falamos para significar. Esse significado é a resposta a que Bakhtin se refere, e vem sempre de outro interlocutor. Aquilo que falamos, portanto, tem um significado construído por meio das relações e dos diálogos com os outros (Berberian; Bergamo, 2009).

Nos primeiros anos de vida da criança, o adulto interpreta o que ela quer dizer e fazer. Com o tempo, imersa no jogo dialógico, ela faz tentativas de enunciações diferenciadas. De Lemos (citado por Soares, 2006, p. 17) estudou o processo de aquisição da linguagem observando o diálogo entre mãe e criança, identificando três processos dialógicos nessa atividade:

1. **Especularidade** – "inicia-se pelo movimento do adulto no sentido de espelhar a produção vocal da criança ao mesmo tempo em que lhe atribui forma, significado e intenção" (De Lemos, citado por Soares, 2006, p. 17). Exemplo:

   > Criança: Esse é o piu-piu! Esse é o au-au!
   > Adulto: É o piu-piu? É o au-au? E esse é o piu-piu ou o quá-quá? E esse é o miau ou o au-au?
   > Criança: O quá-quá. Achô! O miau. Achô!
   > Adulto: E cadê o piu-piu? E o au-au, cadê?
   > Criança: Achô!

2. **Complementaridade** – "o adulto, em um primeiro momento, e a criança, em um momento posterior, retoma o enunciado ou parte do enunciado do outro

e o completa ou expande" (De Lemos, citado por Soares, 2006, p. 18). Exemplo:

> **Criança:** Ó, ó piu-piu. (apontando para o pato)
> **Adulto:** É um passarinho?
> **Criança:** Éeeeeeeee!
> **Adulto:** Não é um patinho?
> **Criança:** Piu-piu.
> **Adulto:** Como será que faz o patinho?
> **Criança:** Piu-piu?
> **Adulto:** Quá-quá!
> **Criança:** Quá-quá!

3. **Reciprocidade ou reversibilidade** – "a criança passa a assumir papéis dialógicos antes assumidos pelo adulto" (De Lemos, citado por Soares, 2006, p. 18). Exemplo:

> (a criança pega o livro)
> **Criança:** Qué vê o au-au?
> **Adulto:** Sim, quero ver o au-au. Onde ele está?
> **Criança:** Aqui!
> **Adulto:** E o que tem mais de bichinhos neste livro?
> **Criança:** Tem muuu-muuu! Qué vê, é uma vaca!
> **Adulto:** Isso mesmo!
> **Criança:** E tem pocotó, pocotó, que é um cavao.
> **Adulto:** Nossa, esse livro está cheio de bichinhos.
> **Criança:** Qué vê mais?

Essa construção é gradativa e possibilita a atuação da criança sobre a linguagem (De Lemos, citado por Soares, 2006). No decorrer do processo, ela passa a ter mais autonomia no discurso. O choro, por sua vez, é deixado de lado e a criança se apropria de uma linguagem mais elaborada. Se o adulto anteriormente "aceitava uma palavra como frase, a partir dessa fase começa a solicitar que se estabeleçam combinações e relações entre as palavras" (Berberian; Bergamo, 2009, p. 59).

Quando falamos a uma criança "Não precisa chorar. Eu preciso saber o que você quer!", estamos fazendo com que o processo da linguagem oral se efetive e a criança passe da condição de interpretada para a condição de intérprete.

2.2 A HABILIDADE DE NARRAR A PRÓPRIA EXPERIÊNCIA

"Oi ti Kati hoje machuquei meu joelho… daí eu tombei pufffff e eu cai."
(Criança de 3 anos e meio ao conversar pelo WhatsApp com sua tia, explicando que caiu da bicicleta e machucou o joelho)

Compartilhar experiências. Essa é a conquista da criança que, na prática social, confere uma estabilidade à sua vida por meio da linguagem. E com os recursos de comunicação da atualidade, conseguimos conversar à distância, ainda que muitas vezes não entendamos as palavras da criança, que precisam ser traduzidas pela mãe ou pelo pai.

Narrar, explorar o mundo social e estruturar histórias nas conversas ajuda a criança a organizar a narrativa e o tipo de informação que deve expor como orientação espaço-temporal, referencial e avaliativa (Macedo; Sperb; 2008).

A construção do discurso narrativo faz as crianças se lembrarem de fatos passados e os organizarem em uma sequência temporal. Poder relatá-los com espontaneidade faz parte do processo de aquisição da linguagem oral.

O modo como os adultos falam com as crianças sobre suas experiências, além de contribuir para o processamento e a recordação de cada narrativa, influencia na maneira como elas compreenderão esses eventos, auxiliando a manter as ligações interpessoais por meio de uma história compartilhada.

> Para Fivush e Haden (citados por Macedo e Sperb, 2008), as narrativas explicitam relações por meio de informações, conexões temporais e causais entre os componentes das ações, causalidade psicológica (motivação e crenças) e significado particular.

Para contar algo que aconteceu, a criança precisa de duas habilidades: lembrar-se da experiência e organizá-la em uma forma de narrativa convencionada culturalmente. Para conseguir estruturar a narrativa de forma cultural, é necessário que:

- a narrativa seja situada em um contexto apropriado;
- o ouvinte saiba o que aconteceu;
- o ouvinte entenda por que a narrativa foi interessante, o que é explicitado por meio de uma avaliação.

O adulto pode intervir na narrativa da criança para que ela antecipe a direção que a história vai tomar. Vejamos a intervenção feita pelo adulto nesta conversa com uma criança de 3 anos:

> **Criança:** Eu qué pisenti.
> **Adulto:** Que presente você quer?
> **Criança:** Eu qué pisenti gandi.
> **Adulto:** O que é presente grande?
> **Criança:** Eu qué pisenti aivoli, elefanti, a giafa.
> **Adulto:** Mas aonde eu vou encontrar presentes tão grandes?
> **Criança:** Humm. (pensa e não responde)

Essas intervenções verbais do adulto no desenvolvimento da criança vão se modificando. As crianças, em seus relatos no cotidiano e na conversa com os adultos, repetem e complementam as falas uns dos outros, fazem perguntas, dão respostas e indicam novos temas para a conversa. Com base nas perguntas, a criança vai construindo sua narrativa.

No caso do "presente grande", a criança fez uma comparação com seres vivos que conhece e que são grandes. Para ela, o presente representava esse tamanho. Se o adulto tivesse parado na resposta "Eu qué pisenti gandi", a criança não continuaria seu discurso.

A construção da narrativa se dá "por meio do discurso sobre as ações que são desencadeadas no tempo e saber contar ações ou coisas que acontecem é central para se poder narrar" (Rojo, 2006b, p. 35). Pode ser algo vivido ou uma história de ficção criada ou recontada, como contos de fadas ou literatura infantil. Observe, no exemplo a seguir, como uma criança de 3 anos conta uma história para a família:

> **Criança:** Todos sentados!
> **Adulto:** Então conta a história.
> **Criança:** Era uma vez um cachorro. Olha ele está fugindo.
> **Adulto:** Quem está fugindo é o gatinho?
> **Criança:** Ele também está fugindo! (vira a página)
> **Criança:** Uau, quantas flores! Olha só quantas flores!
> **Adulto:** Que lindo!
> **Criança:** (vira a página) Uau, olha, é o peixe! Olha o sapinho pulando. Vamos ver?
> **Adulto:** Que legal, o sapinho pulando, né?
> **Criança:** Aham! (vira a página) Olha, aqui o cachorro toma banho com sabonete, viu?
> **Adulto:** Então o cachorrinho fugiu para tomar um banho?
> **Criança:** (olha para a imagem e depois de um tempo diz) Aham!
> **Adulto:** E acabou a história?
> **Criança:** Sim, acabou!

Nesse período do desenvolvimento da linguagem da criança, o adulto tem um papel fundamental nesses jogos de contar: o de fornecer à criança elementos para a estrutura narrativa, levando-a a encontrar detalhes nesses ensaios de narrativa. Nesse caso, as perguntas dos adultos ajudam a criança a desenvolver a narrativa.

Esses relatos ocorrem por volta dos 3 anos e refletem as primeiras tentativas de criar narrativas com relatos espontâneos. Neste outro exemplo, uma criança de 4 anos e meio conta uma história para a família.

> Criança: Como até as princesas soltam pum. Aí a gente vai contar esta história pelo começo. Aqui ó! (vira a página) aqui é a cor verde (mostra a contracapa e vira a página) aqui vem a parte até as princesas soltam pum, né? Aí a gente vira, (vira a página) ó (mostra a imagem e diz bem baixinho com a mão na boca) aqui é o pum.
> Adulto: Aí que é o pum?
> Criança: É.
> Adulto: Legal, entendi!
> Criança: (continua a história) Pai, até as princesas soltam pum? E o pai fala (muda a voz) aí eu não sei, filha. Daí a princesa falou. (para e interage com o adulto) Como é o nome da princesa mesmo? (folheiam o livro)
> Adulto: É Laura.
> Criança: A Laura falou: Pai, hoje (pausa) hoje aconteceu lá na minha sala uma gritaria que a Cinderela soltou um pum fedido lá na minha sala (muda a voz) Ai, filha, isso é sem importância, isso, as princesas soltam pum sim (muda a voz) Eca, pai – a filha, a Laura falou.
> Adulto: A próxima princesa quem é?
> Criança: A Branca de Neve, que não queria casar e os anões não deixavam ela casar.
> Adulto: E o príncipe viu ela lá?

> **Criança:** Viu ela lá e graças a Deus ela soltou um pum.
> **Adulto:** Graças a Deus?
> **Criança:** Ela soltou um pum sem o príncipe sentir.
> **Adulto:** Entendi.
> **Criança:** Aí a bruxa deu. (muda a voz) Coma essas maçãs, Branca de Neve, e ela soltou um pum e a bruxa, ó, morreu. (risos)
> **Adulto:** Vamos para a próxima?
> **Criança:** As sereias soltam pum, será? Eu acho que sim, Laura falou. Sereia tem cauda para nadar e soltar pum. Tá quase no fim e fim!

À medida que a criança cresce, a sequência dos fatos contados ganha características distintas. Pesquisadores analisaram narrativas de crianças e observaram dois padrões típicos: o cronológico e o "pulo de sapo" (Macedo; Sperb, 2008, p. 49).

O **padrão cronológico** corresponde à simples descrição dos fatos que se sucedem, podendo persistir pela vida afora. O **padrão "pulo de sapo"** se refere à narrativa que pula de um fato a outro, deixando de lado episódios importantes que devem ser inferidos pelo ouvinte.

Na primeira narrativa, a do cachorrinho, a criança usou o padrão cronológico e descreveu em frases as imagens do livro seguindo uma ordem (página por página). Na segunda, a criança tinha uma noção de histórias de princesas: mostrou conhecer a versão original da Cinderela e da Branca de Neve, pois comentou que os anões não deixavam a Branca de Neve se casar, mas pulou de um fato a outro sem dar importância a alguns trechos da história. Parou a cada página e pensou antes de contar a história, mas ficou no padrão "pulo do sapo" por ainda não ter a noção temporal dos acontecimentos. A partir dos 5 anos, a criança passa a ter melhor orientação temporal dos acontecimentos. Crianças de 6 anos são capazes de orientar seus ouvintes quanto a quem, o quê e quando aconteceu algo em suas narrativas.

Em sala de aula

Suponhamos uma situação em que duas crianças em idade escolar, de 5 e 6 anos, respectivamente, atendem uma proposta de atividade de narração.

Em um trabalho realizado em sala de aula, elas utilizam peças do tangram para criar um objeto ou um animal. A criança de 6 anos faz um barco e, depois, conta uma história aos colegas.

Figura 2.1 – Barco construído com peças do tangram

> **O BARQUINHO**
>
> O BARQUINHO VAI PARA O MAR LEVAR EU E MEUS AMIGOS PARA PASSEAR.
>
> EU LEVO POUCOS AMIGOS DE CADA VEZ, ELES GOSTARAM MUITO, MAS FICARAM COM MEDO DAS ONDAS.

A criança de 5 anos faz um canguru com peças do tangram e também conta uma história aos colegas.

Figura 2.2 – Canguru construído com as peças do tangram

> **A FESTA DO CANGURU**
>
> ACONTECEU UMA FESTA NA CASA DO CANGURU. ELE TINHA CONVIDADO TANTA GENTE QUE NÃO CABIA MAIS NINGUÉM EM SUA CASA.
> ENTÃO ELE RESOLVEU FALAR QUE A FESTA TINHA ACABADO E TODO MUNDO FOI EMBORA.
> A PRIMA DO CANGURU CHEGOU QUANDO A FESTA TINHA ACABADO. ELA FICOU CHATEADA E DISSE QUE NUNCA MAIS IA NA CASA DO CANGURU.

A criança precisa adquirir autonomia em suas narrativas, na elaboração de seus discursos, e ter experiências de narrar histórias para tornar sua narrativa cada vez mais coerente. No exemplo da história do canguru pode ser que algo semelhante tenha acontecido com a criança. Ela pode, por exemplo, ter ido visitar algum parente e, ao chegar, a festa já havia terminado.

2.3 RELAÇÕES ENTRE A LITERATURA INFANTIL E O DESENVOLVIMENTO DA LINGUAGEM ORAL

A leitura de textos literários em sala de aula pode promover a aprendizagem tanto da linguagem oral como da escrita, contribuindo para que as crianças sejam leitoras voluntárias e autônomas, bem como para o desenvolvimento do senso crítico.

Incorporados na prática de sala de aula, os textos literários enriquecem o trabalho pedagógico. Conforme Zilbermam (2003, p. 25), "preservar as relações entre a literatura e escola, ou o uso comum do livro em sala de aula, decorre de ambas compartilharem um aspecto em comum: a natureza formativa". A literatura deve ser integrada a um projeto desafiador que motive o aluno à leitura. No Capítulo 5, apresentaremos dois projetos que cumprem essa função.

Apresentamos a seguir algumas estratégias de trabalho elaboradas com base em Diógenes e Justo (2016).

POESIA

A poesia em sala de aula promove a leitura e a escrita, além de três funções básicas, segundo Diógenes e Justo (2016, p. 2): "servir como suporte à alfabetização, como auxílio à formação da leitura em geral e como fomento ao letramento literário".

Os poemas auxiliam no desenvolvimento da consciência fonológica e, vinculados à música e à dança, expressam sentimentos.

Em nossa cultura, as cantigas e as brincadeiras de palavras costumam ser as primeiras formas de poesia com que a criança tem contato. A escola deve valorizar as brincadeiras orais nos espaços de integração.

Em sala de aula

Observe um texto coletivo produzido com uma turma de 2° ano em uma atividade sobre profissões.

> QUERO SER:
> ADVOGADO OU PEDAGOGA?
> MODELO OU MANEQUIM?
> DEPUTADO OU PREFEITO?
> VENDEDOR DE AIPIM?
> QUERO SER:
> ARTISTA OU MOTORISTA?
> DESENHISTA OU DENTISTA?
> TENISTA OU BATERISTA?
> QUERO SER:
> CANTOR OU PESCADOR?
> JOGADOR OU NAVEGADOR?
> EDITOR OU INSPETOR?

CONTOS DE FADAS

Os contos de fadas existem há milhares de anos e são narrativas ligadas a situações de realização interior, que falam de amor, duendes, heróis e situações sobrenaturais (Diógenes; Justo, 2016).

As crianças gostam de ouvir histórias de fadas, dragões e lobos, pois esses personagens chamam a atenção e despertam a fantasia, especialmente pelos obstáculos que as personagens enfrentam durante a história, cujo final pode ser feliz ou triste.

O professor tem de estimular a criatividade, a imaginação, a brincadeira, a leitura, a escrita, a música e o querer ouvir, desenvolvendo dessa forma a oralidade das crianças (Coelho, 2003).

A narração une duas naturezas, a verbal e a visual, e busca recuperar a tradição da oralidade, do "era uma vez" e dos contos de fadas. Vejamos o exemplo a seguir, de uma criança de 3 anos contando uma história enquanto olha a imagem de um livro:

> **Criança:** Era uma vez um peixe no fundo do fundo do mar.
> **Adulto:** No fundo do fundo do mar?
> **Criança:** Sim, olha (mostra a figura)
> **Adulto:** Que lindo! E daí o que acontece?
> **Criança:** Era uma vez uma bolinha. E comeu!
> **Adulto:** Deixa a gente ver? O peixe comeu a bolinha?
> **Criança:** Era uma vez um tubarão.
> **Adulto:** Nossa! O tubarão?
> **Criança:** Vejam. (mostra a figura)
> **Adulto:** E daí o que aconteceu?
> **Criança:** E fim.
> **Adulto:** Acabou?
> **Criança:** Sim. Ó que pena!

CORDEL

Na literatura de cordel, muito comum no Nordeste, "se narram histórias de batalhas, amores, sofrimentos, crimes, fatos políticos e sociais" (Diógenes; Justo, 2016, p. 5).

A leitura de cordel em sala de aula amplia o repertório da criança, que pode brincar com os ritmos da língua.

HISTÓRIAS EM QUADRINHOS

É possível dizer que as histórias em quadrinhos existem há mais de 40 mil anos, "quando o homem fazia pinturas rupestres, tentando contar uma história através das imagens que deixavam gravadas em pedras, rochas etc." (Diógenes; Justo, 2016, p. 7).

As histórias em quadrinhos são uma forma de expressão artística e narram eventos por meio do registro de imagens, abordando temas diversos. São recursos pedagógicos que podem ser usados pelo professor em sala de aula para despertar o gosto pela leitura. As cores de seu desenho despertam o lado lúdico e podem ser utilizadas em vários níveis de escolaridade.

2.3.1 A ORALIDADE NA LITERATURA INFANTIL

Quando contamos uma história, estamos resgatando a oralidade. A fala é algo anterior à escrita e, quando alguém fala, mostra de forma imediata seu objetivo nas palavras, na entonação e na expressão corporal. Ela permite a troca de experiências.

O discurso oral cria, assim, uma cena múltipla (verbal e não verbal). Sua pouca sistematização "propicia, ao nível do desempenho oral uma língua, os lances de criação de novas formas de dizer, experiências que o sistema linguístico acaba por incorporar" (Coelho, 2003, p. 44).

> Certa vez, em sala de aula, tive um aluno que não queria ler (contar histórias). Entreguei a ele um livro não verbal e disse: "Leia este livro para segunda-feira". Olhou para o livro e me perguntou: "Mas este livro não tem letras?". Mais uma vez, eu disse: "Leia este livro para segunda-feira". Na semana seguinte, chamei-o para contar o que leu. Foi correndo para a frente da sala e narrou toda a história. Após terminá-la, falei: "Parabéns pela sua leitura, gostei muito da sua história!". Ele me perguntou: "Eu li?". E eu disse: "Sim!". Essa estratégia motivou o aluno a ler! Foi um sucesso!

Assim, a oralidade permite que a criança conte a história do seu jeito, sem normas linguísticas convencionadas, com expressões populares do seu dia a dia, com modulação de voz e marcação de ritmo junto à palavra.

Então, contar histórias é inaugurar um "novo modo de narrar e escrever" (Coelho, 2003, p. 45). É interessante encurtar a distância entre quem narra e quem lê. Deve haver uma sintonia na literatura infantil, a fim de criar uma cena inclusiva entre narrador, mensagem e receptor.

2.3.2 O LÉXICO ORAL

Vamos recordar o que é léxico? É o repertório (conjunto ou coleção) das palavras de uma língua ou de um texto.

A oralidade na literatura infantil deve seguir dois caminhos. Um deles é aquele que "se faz ao nível lexical de uso de termos ou expressões coloquiais em registros clássicos da oralidade" (Coelho, 2003, p. 46). O outro é o discurso aleatório que fornece a chave para o narrador articular a narrativa, podendo utilizar a forma de diálogos diretos e indiretos e discuti-los em um conceito mais geral e abstrato (Coelho, 2003).

Em sala de aula

Vejamos, no exemplo a seguir, uma releitura de uma fábula feita por uma professora e alunos do 1º ano com diálogos diretos:

O TIGRE E A ARMADILHA

ERA UMA VEZ UM TIGRE MUITO EXIBIDO QUE GOSTAVA DE SER O MELHOR DE TODOS, MAS UM DIA ELE CAIU NUMA ARMADILHA E SE DEU MUITO MAL.

UM RATINHO QUE ESTAVA PASSANDO POR PERTO ENCONTROU O TIGRE, QUE DISSE:

— VOCÊ ME TIRA DAQUI RATINHO, EU PROMETO QUE NUNCA MAIS VOU ASSUSTAR VOCÊ NEM SEUS AMIGUINHOS.

> O RATINHO COM PENA DO TIGRE COMEÇOU A ROER UM RAMO DA ÁRVORE PARA AJUDÁ-LO.
> VENDO ISSO UM PASSARINHO DISSE:
> — COMO PODE UM RATINHO TÃO PEQUENO SALVAR UM TIGRE TÃO GRANDE.

2.3.2.1 SONORIDADE PARA O DESEMPENHO ORAL

A literatura infantil desenvolve a oralidade ao trabalhar, em sua mensagem, o ritmo e o enunciado de palavras simples e repetitivas. As imagens complementam a narração, oferecendo elementos para a criança que vê e não lê.

Em sala de aula

No livro *O que tem nesta venda?*, de Elias José (2017), a sonoridade está vinculada a frases rimadas:

> Fui à venda comprar rabanete.
> Como não tinha, comprei sabonete.
> [...]
> Fui à venda comprar mola,
> Como não tinha, comprei cola. (José, 2017, p. 4, 7)

Quando os alunos fazem a leitura da imagem, a frase coletiva da leitura do livro pode ficar assim:

> FUI À VENDA COMPRAR SABONETE.
> SAÍ DE LÁ E COMI UM SORVETE.
> FUI À VENDA COMPRAR COLA.
> COMO NÃO TINHA, LEVEI UMA BOLA.

Outra atividade com mesmo caráter foi proposta em uma escola na qual havia uma papelaria, chamada ali de *quiosque*. Certa vez, foi solicitado aos alunos que fizessem uma visita ao local e que observassem que artigos eram vendidos ali. Retornando á sala de aula, as crianças tinham de criar uma rima e fazer um desenho para representá-la e, depois, ler para a turma. Alguns exemplos de frases criadas pela turma de 2º ano são:

> FUI AO QUIOSQUE COMPRAR CHAVEIRO.
> QUANDO VI, ESTAVA SEM DINHEIRO.
>
> FUI AO QUIOSQUE VER O MEU AVÔ.
> JÁ QUE ELE NÃO ESTAVA, COMPREI UM IOIÔ.
>
> FUI AO QUIOSQUE COMPRAR UM ANEL.
> COMO NÃO TINHA, COMPREI PAPEL.

2.3.3 O NARRADOR DA ORALIDADE

Escrever como se fala, "eis a tarefa a que se coloca o narrador do texto literário-infantil para captar o repertório do seu público numa comunicação direta e envolvente" (Coelho, 2003, p. 51). A cadência rítmica, as frases repetidas, as modulações exclamativas ou interrogativas e a integração da mensagem são traços da oralidade.

Sugestões de atividades para o trabalho com a oralidade

- **Boneco contador de histórias** – Peça que os alunos confeccionem um boneco e, com ele no colo, leiam ou contem uma história. Eles também podem confeccionar fantoches.
- **Desenho** – Proponha que as crianças ilustrem uma personagem e, depois, contem em forma de história o que ela faz, onde vive e do que gosta.
- **Montagem de textos** – Entregue revistas para que os alunos recortem as imagens de que gostam e, em grupo, selecionem algumas e contem uma história.
- **Criação de um final para a história** – Leia uma história e, faltando pouco para terminar, peça aos alunos que criem um final.
- **Fantoche** – Os alunos podem falar trava-línguas, parlendas e adivinhas usando os fantoches.
- **Máscaras** – Coletivamente, os alunos confeccionam máscaras com cartuchos ou papel sulfite e, em grupo, inventam uma história.
- **Dramatização** – Após ler uma história, solicite aos alunos que a recontem e criem suas roupas com jornal.

- **Sonoplastia** – Pode ser feita pelos alunos ou pelo professor no decorrer da história. Um exemplo: "O vento estava forte (uhuuuuuu), um trovão rasgou o céu (trummmm) e assim caiu uma chuva (plim plim plim)".
- **Jogo de contar histórias** – Diga uma palavra e peça um aluno comece a contar uma história. Passado um tempo, outro colega continua, e assim sucessivamente.
- **História para rir** – A turma adapta os clássicos colocando humor nas personagens.
- **Gravação de histórias** – Utilize a tecnologia do *smartphone* para gravar um áudio de uma criança contando histórias. Depois, reproduza para que os alunos escutem. As crianças gostam muito de "se ouvir".
- **Inventando poemas** – Estimule os alunos a produzir poemas, trabalhando rimas. Exemplo: "Fui ao zoológico / Comi um pão. / Fiquei assustada / Com o leão".
- **Criação de histórias com base em um título** – Apresente um título, como "Brincadeira divertida!". A criação da história fica por conta dos alunos, que podem trabalhar em grupo, em duplas ou individualmente.

- **Gêneros orais** – Proponha a produção de um gênero oral, como uma conversa ao telefone. Outras possibilidades são deixar um recado na secretária eletrônica, discutir em grupo e fazer uma exposição oral ou uma entrevista oral. O uso de equipamentos como gravadores, filmadoras e projetores é bastante interessante.
- **Entrevista com a personagem de um livro** – Solicite que todos leiam um livro e, no outro dia, faça um sorteio para definir quem vai representar a personagem. Um aluno interpreta essa personagem e os colegas fazem perguntas aleatórias para ela.
- **Objetos variados** – Dentro de uma caixa, deposite vários objetos, como clipes, canetas, lápis, retalhos, folhas, pedras e pedaços de pau. Tire um objeto da caixa e inicie a história. Depois, peça a um aluno que a continue, e assim sucessivamente.
- **Reinventando histórias sob a perspectiva de outras personagens** – Proponha que os alunos contem histórias clássicas sob diferentes vieses, por exemplo: a história da Branca de Neve tendo os anõezinhos como narradores; a história dos Três Porquinhos contada na versão do Lobo Mau; a história da Cinderela contada pela madrasta e suas filhas.

2.3.4 CONTAÇÃO DE HISTÓRIAS

Para contar histórias é necessário estar muito bem preparado e gostar dessa atividade. O ato de ler e interpretar não pode ser feito de qualquer jeito, pois isso pode influenciar o gosto das crianças pelas histórias e pela leitura.

As histórias são um ótimo instrumento para sensibilizar e educar, pois estimulam o imaginário e, muitas vezes, quem ouve encontra ideias para solucionar problemas. A contação de histórias abre as portas para a compreensão do mundo.

Na escola, devemos criar oportunidades para que as crianças interajam livremente com livros e textos literários. Podemos sugerir que elas indiquem uma leitura para ser realizada em uma roda de histórias e pedir-lhes que digam quais são suas preferências. Conforme Brandão e Rosa (2010, p. 77), "é importante que o professor saiba e entenda os gostos literários dos seus alunos, pois desta forma estará possibilitando ainda mais que os mesmos tomem gosto pela leitura e apreciem as contações de histórias".

Com base em uma história, inúmeras atividades podem ser trabalhadas com as crianças, proporcionando a elas prazer e muita diversão. Conforme Abramovich (citada por Santos, 2011, p. 25-26), "ouvir muitas histórias e escutá-las é o início da aprendizagem para ser um leitor, e um caminho de descoberta e compreensão do mundo". Por meio da contação de histórias, a criança aprende e desenvolve o intelecto e o caráter.

Ouvir histórias incita diversos sentimentos nas crianças, pois, mesmo sem querer, elas se veem dentro do contexto da narrativa, sentindo, dessa maneira, o que os personagens sentem.

Para contar histórias em sala de aula, é necessário que os professores revejam e organizem suas práticas pedagógicas. De acordo com Pires (2011, p. 19), "o educador deve criar formas significativas e expressivas de comunicação com a criança através do ato de contar, ler e ouvir histórias, possibilitando que a criança encontre significados para sua própria existência". A mediação entre a literatura e a criança é papel do professor.

Percebe-se, assim, a importância de o professor influenciar os alunos a gostarem de literatura infantil e, consequentemente, de ouvir histórias e ler. Para isso é necessário que o profissional dessa área também goste da leitura e, principalmente, que goste de literatura infantil. Segundo Ramos (2011, p. 37), "os contadores de história devem estar prontos para enfrentar diversas situações, adaptando-se às mudanças radicais que o mundo apresenta". Essas mudanças ocorrem não só na maneira como as pessoas pensam e agem, mas também na forma como elas passam a enxergar o mundo.

Para Rodrigues (2011, p. 19), "contar histórias não significa somente pegar um livro e ler o que ali está escrito, mas criar todo um envolvimento em relação àquela história". Por meio da contação de histórias, o professor pode desenvolver nos alunos a reflexão e a criatividade, além de enriquecer suas aulas de maneira agradável e prazerosa.

Sugestões didáticas para a contação de histórias

- Escolha com antecedência o livro ou a história. Perceba o estilo do autor e observe as ilustrações para passar as ideias e emoções do texto.
- Treine a leitura ou a contação em voz alta. Tente memorizar o texto observando as imagens.
- Grave a contação para ver o que precisa ser melhorado, como ritmo, entonação ou articulação das palavras.
- Olhe para seu público. Se estiver com um grupo pequeno, sente-se no chão com os alunos. Com um grupo maior, não gesticule muito, pois isso distrai a atenção das crianças. Fique em pé e mantenha a cabeça erguida e a coluna reta, sem rigidez.
- Peça aos alunos que desenhem a história ou a personagem ou que recontem a história com as próprias palavras.
- Apresente um título para que os alunos criem suas histórias, misturando personagens animais e humanos, por exemplo, e coloque uma música de fundo.

Fonte: Elaborado com base em Carvalho, 2005a.

2.4 ORALIDADE E LETRAMENTO

A expressão *letramento* tem sua origem na palavra inglesa *literacy*, que lembra, conforme Marcuschi (2007, p. 33, grifo do original), "as habilidades de **ler** e **escrever** enquanto práticas sociais". A expressão foi incluída na língua portuguesa na década de 1980, e atualmente é bastante comum em nossa prática pedagógica – embora nem sempre de maneira clara.

Os estudos sobre o letramento procuram descrever as condições de uso da escrita a fim de determinar uma prática social. Soares (2009, p. 47) considera letramento o "estado ou condição de quem não apenas sabe ler e escrever, mas cultiva e exerce as práticas sociais que usam a escrita". Ser letrado, conforme Kleiman (1995), significa ter desenvolvido a capacidade metalinguística.

A oralidade é um objeto de estudo sobre o letramento. Algumas crianças são letradas, no sentido de dominarem estratégias orais letradas antes mesmo de serem alfabetizadas. Adquirem essa compreensão quando ouvem histórias contadas pelos adultos, identificam algum rótulo ou logomarca antes de ler e escrever ou, ainda, em usos da oralidade, ao se expressar em público, no uso do microfone ou em uma apresentação de trabalho.

O termo *oralidade*, para o sociolinguista inglês Michael Stubbs (citado por Marcuschi, 2007, p. 33), serve para "referir habilidades na língua falada". Isso significa que a oralidade envolve tanto a produção (fala) como a audição (compreensão). As atividades do cotidiano das crianças, com a intervenção de um adulto, conferem à sua oralidade características da oralidade letrada (Kleiman, 1995).

> Como professora alfabetizadora, gostava muito de criar rimas com as crianças. Rimávamos tudo: nome, pontos turísticos de nossa cidade, nome dos pais, esportes, animais... Brincar de rimar era brincar com as palavras e desenvolver a linguagem oral e escrita.

Há, portanto, de um lado, a fala e a escrita e, de outro, a oralidade e o letramento, todos relacionados ao âmbito da língua. Especificando, a oralidade compreende "todas as atividades orais no dia a dia" (Marcushi, 2007, p. 35), e o letramento diz respeito aos mais variados usos da escrita. Conforme Marcuschi (2007, p. 39),

> A oralidade como prática social se desenvolve naturalmente em contextos informais no dia a dia. O letramento pode desenvolver-se no cotidiano de forma espontânea, mas, em geral, ele se caracteriza como a apropriação da escrita que se desenvolve em contextos formais, isto é, no processo de escolarização.

A **oralidade como prática social** está presente em várias formas ou gêneros textuais e em diversos contextos de uso. A fala é a forma de produção textual discursiva-oral. Há aspectos muito complexos quando analisamos a fala em contextos que demandam uma oralidade bem-desenvolvida, como discursos públicos ou entrevistas de emprego (Marcuschi, 2007).

Por outro lado, a escrita também é um modo de produção textual-discursiva com suas especificidades. Isso é interessante, pois lemos hoje muito mais gêneros textuais escritos do que orais (Marcuschi, 2007).

Sugestões de atividades para desenvolver a oralidade e o letramento

- Leve a turma para passear pela escola e peça aos alunos que olhem e tentem adivinhar o que está escrito em diferentes lugares. Leia com eles: nome da escola, nome da rua, número do prédio, cartazes nos corredores, placas nas portas e números nas portas.
- Solicite aos alunos que observem as escritas fora da escola. Eles podem fazer essa atividade quando estão voltando para casa. No outro dia, converse com eles sobre o que descobriram.
- Busque com os alunos exemplos de placas de rua, placas de trânsito, placas de veículos, letreiros de lojas, rótulos de uso comum, cartazes de publicidade e outras escritas do local onde moram.
- Organize um cantinho da leitura com livros, jornais, revistas, contas de luz e de telefone, encartes de publicidade, rótulos, embalagens de produtos, cartas, cartões e convites.
- Leia em voz alta diferentes gêneros textuais, como piada, adivinhação, receita culinária, notícia de jornal e história em quadrinhos.
- Deixe os alunos lerem em voz alta. Aqueles que ainda não dominam a leitura podem fazê-la por meio da leitura de imagens.

- Programe momentos de oralidade na semana. Sugira um tema para os alunos: "Esta é a semana da parlenda. Quem quiser vem aqui amanhã falar uma" ou "Nesta semana, vamos contar piadas".
- Explore relatos de filmes, desenhos, brincadeiras e jogos.
- Peça aos alunos que transmitam oralmente um recado para outro professor ou outra turma.
- Reproduza rimas oralmente.
- Conte uma história com sequência lógica.
- Solicite aos alunos que digam a mesma coisa de outro modo (paráfrase). Depois que tiverem lido um parágrafo ou uma página, peça aos alunos que contem o que entenderam.
- Proponha aos alunos que façam resumos orais de uma história que leram ou de uma notícia.

SÍNTESE

Neste capítulo, explicamos que é por meio da linguagem oral que a criança descobre seus medos, suas representações e seus sentimentos. Ao formular narrativas orais, a criança está se preparando para a transição de representar, desenhar e contar. Para a linguagem escrita, isso acontece de maneira gradativa.

INDICAÇÕES CULTURAIS

Vídeo

A LINGUAGEM oral e as crianças: possibilidades de trabalho na educação infantil. 18 ago. 2011. Disponível em: <https://www.youtube.com/watch?v=tLnU4o4z_8Y>. Acesso em: 17 jul. 2019.

Vídeo sobre o desenvolvimento da linguagem falada desde o nascimento da criança e sobre a importância da ação e da interação com o adulto nesse processo.

Artigo

CHAER, M. R.; GUIMARÃES, E. da G. A. A importância da oralidade: educação infantil e séries iniciais do ensino fundamental. **Pergaminho**, Patos de Minas, n. 3, p. 71-88, nov. 2012. Disponível em: <http://www.ufjf.br/projetodeoralidade/files/2018/06/PP-A-import%C3%A2ncia-da-oralidade-EI-e-S%C3%A9ries-Iniciais-do-EF-CHAER-Mirella-Ribeiro.1.pdf>. Acesso em: 18 jul. 2019.

Artigo sobre a importância da oralidade na educação infantil e nas séries iniciais do ensino fundamental. As autoras propõem uma reflexão sobre o impacto da oralidade para a comunicação. Para que isso aconteça, a criança precisa ter pensamento organizado e linguagem oral bem-desenvolvida.

Livros infantis

ANDRADE, T. G. C. **No mundo da Lua**. Ilustrações de Alexander Santos. São Paulo: Ed. do Brasil, 2006.

A autora conta a história de um menino que não colocava nada no lugar e não lembrava onde estavam seus objetos pessoais. Os pais, preocupados, encontraram uma forma de ajudá-lo a ser mais organizado.

JOSÉ, E. **O que tem nesta venda?** Ilustrações de Rogério Coelho. São Paulo: Paulus, 2017. (Coleção Patati-Patatá).

Elias José conta uma história utilizando rimas. Isso torna o livro divertido para as crianças, incentivando a produção de novos versos.

CDs

ZINSKIND, H. **O Gigante da Floresta**. Brasil: MCD, 2004. 1 CD. Disponível em: <https://helioziskind.bandcamp.com/album/o-gigante-da-floresta>. Acesso em: 18 jul. 2019.

Nesse álbum, o músico Hélio Zinskind reúne canções e narrativas da Turma do Cocoricó para contar a história de um jequitibá de 1.500 anos chamado Gigante da Floresta.

MORAES, V. de. **A arca de Noé**. Brasil: Sony Music, 2013. 1 CD.

Esse álbum é uma releitura de um clássico dos anos 1980, *A arca de Noé*, de Vinicius de Moraes com a interpretação de grandes vozes da MPB, como Gal Costa, Caetano Veloso e Arnaldo Antunes. Muita poesia em forma de música.

ATIVIDADES DE AUTOAVALIAÇÃO

1. Os jogos de linguagem preparam para:
   a) a escrita.
   b) os risos e balbucios.
   c) o diálogo.
   d) o gesto.
   e) a oralidade e a escrita.

2. No jogo dialógico, toda vez que falamos:
   a) nos dirigimos a alguém e falamos para significar.
   b) não nos dirigimos a alguém, mas falamos para significar.
   c) não há necessidade de significar.
   d) nos dirigimos a alguém e falamos para seguir um padrão.
   e) nos dirigimos a alguém sem a intenção de vivenciar a oralidade.

3. Relacione os processos dialógicos a suas características:
   I. Especularidade
   II. Complementaridade
   III. Reciprocidade
   ( ) A criança passa a assumir papéis dialógicos.
   ( ) O adulto interpreta a produção vocal da criança.
   ( ) O adulto e a criança retomam o enunciado.
   ( ) O adulto atribui formas, significados e intenção ao movimento da criança.
   ( ) O adulto e a criança complementam e expandem suas produções.

   Assinale a alternativa correspondente à sequência correta de preenchimento dos parênteses:
   a) III, I, I, II, I.
   b) I, I, III, III, II.
   c) II, III, I, III, II.
   d) III, I, II, I, II.
   e) I, I, II, III, III.

4. Indique se as afirmações a seguir são verdadeiras (V) ou falsas (F) no que se refere ao desenvolvimento da linguagem oral:

( ) A criança não precisa compartilhar experiências para adquirir a linguagem oral.

( ) Narrar é explorar o mundo e estruturar histórias por meio de conversas.

( ) A construção do discurso dispensa que as crianças se lembrem de fatos do passado, basta narrar o presente.

( ) O adulto pode fazer intervenções verbais durante a narração da criança.

( ) À medida que a criança cresce, a sequência dos fatos contados ganha características diferentes.

Assinale a alternativa correspondente à sequência correta de preenchimento dos parênteses:

a) V, F, V, F, F.
b) F, V, F, V, V.
c) V, V, F, V, V.
d) F, F, V, V, V.
e) V, V, V, F, F.

5. A respeito da oralidade e do letramento, assinale a alternativa **incorreta**:

a) Ser letrado significa ter desenvolvida a capacidade metalinguística.

b) A oralidade compreende habilidades na língua falada.

c) As atividades do cotidiano da criança, com a intervenção de um adulto, conferem à sua oralidade características da oralidade letrada.
d) A oralidade é um objeto de estudo do letramento.
e) Em sala de aula, é mais importante trabalhar com o letramento do que com a oralidade.

ATIVIDADES DE APRENDIZAGEM

Questões para reflexão

1. Reflita sobre a mediação do professor no processo de aquisição da linguagem oral. Como o professor deve fazer para incentivar a oralidade em sala de aula? Registre sua opinião.

2. Escreva sobre os três processos dialógicos presentes no processo de aquisição da linguagem, conforme De Lemos (citado por Soares, 2006) – especularidade, complementaridade e reciprocidade.

Atividade aplicada: prática

1. Pesquise atividades ou jogos de linguagem para trabalhar a linguagem oral com crianças.

3 DESENVOLVIMENTO DA LINGUAGEM ESCRITA

A linguagem escrita exige uma operação cognitiva muito grande para que a criança compreenda a relação entre as letras e os sons da fala.

Neste capítulo, unindo teoria e prática, abordaremos questões importantes sobre a formação e o desenvolvimento desse processo.

3.1 SISTEMAS DE REPRESENTAÇÃO DA LINGUAGEM ESCRITA

Os sumérios inventaram os caracteres cuneiformes em 3300 a.C. (Bajard, 2014; Rojo, 2006a). Essa primitiva forma de escrita é herdeira dos pictogramas e das pinturas rupestres, em que, por meio de desenhos, eram registradas as ações e situações vivenciadas pelos grupos humanos. Os pictogramas, nessa época, estavam associados exclusivamente a uma imagem a ser representada. Esse período da escrita é conhecido como **fase pictórica** (Cagliari, 2010).

As escritas ideográficas mais importantes são a egípcia e a mesopotâmica, desenvolvidas na região do mar Egeu, e a chinesa (Cagliari, 2010). Dessa **fase ideográfica**, caracterizada pela escrita dos desenhos, ideogramas ou signos-ideias dos objetos, surgiram as letras do alfabeto.

Por volta de 3000 a.C., os pictogramas e ideogramas eram utilizados com valor fonético: cada signo representava uma sílaba (Rojo, 2006a). A **fase alfabética**, segundo Cagliari (2010, p. 109), "caracteriza-se pelo uso das letras. Estas tiveram sua origem nos ideogramas, mas perderam o ideográfico, assumindo uma nova função da escrita: a representação puramente fonográfica".

A escrita alfabética foi criada pelos fenícios, e este "pode ser considerado o ancestral de todos os alfabetos do mundo" (Rojo, 2006a, p. 15).

Como mencionamos nos capítulos precedentes, a fala é a expressão linguística que se compõe em unidades chamadas *signos*, os quais são formados pela junção de um significante a um significado. Para Cagliari (2010), os sistemas de escrita são divididos em dois grupos: escrita fonográfica (significante) e escrita ideográfica (significado).

Os sistemas fundamentados nos significados são, em geral, pictóricos, marcados pelos significados que querem transmitir e carregados de valores culturais. Já a escrita ideográfica veicula significados mais abrangentes, se comparada a outros sistemas. Com as crianças, trabalhamos as escritas ideográficas nos logotipos e nos sinais de trânsito, por exemplo.

Por meio dos sistemas ideográficos, surgiu a possibilidade de uma escrita motivada foneticamente. A relação icônica ficou mais fraca, e a fonográfica, mais forte. Historicamente, conforme Cagliari (2010), os sistemas ideográficos incorporaram elementos fonográficos.

Para Rojo (2006a), a maior parte das escritas utilizava a combinação dos sistemas:

- **ideográficos**, em que cada signo representa um objeto ou uma ideia e exige milhares de signos;
- **silábicos**, em que cada signo representa o som de uma sílaba;
- **alfabéticos**, em que cada signo representa um som decomposto em fonemas, e não em sílabas.

O que diferencia as representações ideográficas das fonográficas, como os silabários e alfabetos, é a decomposição dos sons da língua em uma análise fonológica. Por exemplo, há regiões brasileiras em que se fala a letra *t* com som [t], e outras, com o som [tʃ] – "noite" e "noitchi", respectivamente. Os sons são lidos de forma distinta, conforme a localidade.

Isso remete ao que muitas pessoas dizem: "Não se escreve como se fala". Rojo (2006a, p. 17) afirma que "a escrita não é, embora muitos creiam nisto, uma transcrição da fala, não é um código de transição". A autora toma como base a pesquisa de Emilia Ferreiro, para quem a escrita é um processo de representação que exige uma análise, embora tenha muito de convenção.

3.2 PROCESSOS COGNITIVOS REFERENTES À LINGUAGEM ESCRITA

As pesquisas mais recentes sobre ensino e aprendizagem de leitura e escrita proporcionam uma interpretação ampliada do processo. Com base em estudos da ciência cognitiva da linguagem, pesquisadores produziram relatórios que guiarão nossa reflexão sobre a linguagem e a metodologia utilizada na aprendizagem da escrita.

Gombert (citada por Maluf; Gombert, 2008, p. 124), em seu modelo de desenvolvimento metalinguístico, analisa o processo de aquisição das habilidades linguísticas e os mecanismos que possibilitam à criança escrever com facilidade e eficiência.

Metalinguística, de acordo com Soares (2017, p. 125), é a "capacidade de tomar a língua como objeto de reflexão e análise, dissociando-se de seu uso habitual como meio de interação, é o que se denomina consciência metalinguística, capacidade essencial à aprendizagem da língua escrita".

Sendo assim, a **consciência metalinguística** é a reflexão sobre as atividades linguísticas que fazemos diariamente de forma automática, sem tomarmos consciência dos processos.

Logo, metalinguística é a atividade que tem caráter refletido e intencional. Na aquisição da linguagem escrita, é uma tarefa linguística formal, que exige por parte de quem aprende o "desenvolvimento de uma consciência explícita das estruturas linguísticas a serem intencionalmente manipuladas" (Gombert, citado por Maluf; Gombert, 2008, p. 126).

As **atividades epilinguísticas** acontecem desde os primeiros anos de vida. E o que são esses conhecimentos implícitos e explícitos no desenvolvimento da linguagem?

Paula, Correa e Spinillo (2012) observam que as atividades epilinguísticas se manifestam espontaneamente, enquanto as atividades metalinguísticas supõem conhecimentos linguísticos que se tornam conscientes e explícitos.

De acordo com Soares (2017), a aprendizagem da escrita é uma tarefa formal, que exige da criança consciência da estrutura linguística. Os sistemas de escrita apresentam muitas regularidades, mas certas regras podem ser apreendidas sem ser necessariamente explicitadas. Em sua pesquisa, Pactonm, Perruchet, Faiol e Cleermans (citados por Maluf; Gombert, 2008) concluíram que as crianças pesquisadas demonstravam ter conhecimentos ortográficos que não lhes haviam sido ensinados formalmente, os quais foram adquiridos pela aprendizagem implícita.

As aprendizagens implícitas apoiam-se nas capacidades funcionais, "que existem antes dos primeiros contatos com a escrita" (Maluf; Gombert, 2008, p. 129). A criança, antes da escrita, constrói conhecimentos linguísticos adquiridos pela linguagem oral.

O que a criança tem, segundo Maluf e Gombert (2008), são as capacidades iniciais que vão possibilitar, pela aprendizagem implícita a percepção de algumas regularidades no que diz respeito às:

- configurações visuais (ortografia das palavras escritas);
- palavras orais associadas às dimensões fonológica e semântico-lexical da escrita;
- significações associadas às dimensões morfológica e semântico-lexical.

A aprendizagem implícita continua ocorrendo à medida que a criança escreve. No ensino fundamental, ela começa a desenvolver a linguagem escrita. Esse caminho não substitui as aprendizagens implícitas; pelo contrário, multiplica seus efeitos, potencializando-os.

A aprendizagem explícita da escrita inclui ainda a ortografia. As hipóteses que a criança elabora fazem "surgir um conjunto de conhecimentos explícitos que o indivíduo pode utilizar intencionalmente para completar ou controlar o produto dos tratamentos automáticos" (Maluf; Gombert, 2008, p. 131).

Os conhecimentos explícitos são essenciais para a evolução das respostas automáticas adquiridas por aprendizagem implícita da linguagem escrita. Ambos os conhecimentos devem ser valorizados no processo de aprendizagem, pois introduzem as crianças no processo alfabético de escrita.

A aprendizagem explícita das **correspondências grafemas-fonemas** é indispensável para a leitura e a escrita, enquanto as habilidades implícitas, apesar de não serem fundamentais nesse processo, são primordiais para a aprendizagem.

3.3 A TECNOLOGIA E A LÍNGUA ESCRITA

Em muitas sociedades, a língua escrita é tão importante quanto a comunicação oral. Produzimos diariamente gêneros textuais escritos, como recados, listas de compras, anotações e agendas. Com as novas tecnologias, outros formatos surgiram, como *e-mail*, mensagens, *blogs* e fóruns.

A escola é o lugar onde a escrita deve ser aprendida e aperfeiçoada. Em sala de aula, o professor precisa "desenvolver atividades que estimulem nos alunos o prazer de escrever e que estejam mais voltadas para as ações do dia a dia" (Pinheiro, 2007, p. 33).

Trabalhar a produção escrita usando o computador é uma estratégia pedagógica facilitadora da aprendizagem, pois desenvolve uma situação real de comunicação. Segundo Pinheiro (2007), precisamos apenas do *software* Word (ou equivalente) e de um laboratório com ambiente de rede local. É importante perceber que o computador auxilia tanto na produção da escrita quanto na revisão do texto, facilitando o processo, demandando apenas a familiaridade com as palavras *digitar* e *salvar* e com expressões como "localizar o arquivo na rede local".

O uso do computador traz inovações para o processo da linguagem escrita, como o respeito ao ritmo de cada aluno, a interação e o fascínio que esse equipamento gera nas crianças. Tanto professor quanto alunos participam da experiência. Os alunos podem descobrir que produzir textos é muito mais fácil do que imaginam, conforme o professor os orienta para que cheguem ao produto final esperado, resgatando e estimulando o gosto pela escrita.

O trabalho pode começar na sala de aula, onde professor e alunos escolhem juntos o tema a pesquisar, fazem o planejamento e decidem se será uma produção coletiva ou individual.

É necessário que a composição tenha um propósito significativo para os alunos, a fim de que percebam que "escrever é a ação de construir sentido por meio de textos escritos" (Marcuschi, 2004, p. 48).

Em sala de aula

Na **produção coletiva**, a estrutura da escrita é feita por meio de colaboração. Cada aluno contribui com uma ideia sobre o assunto e, em seguida, a equipe produz o texto. O professor dos anos iniciais faz o papel de escriba: escreve o texto na lousa (ou em folhas de cartolina) e, em parceria com os alunos, organiza as ideias e a estrutura do texto. Uma opção, quando se utiliza o texto coletivo é, depois de concluída a redação, digitá-la e imprimir uma cópia para cada aluno. Depois da leitura, eles podem fazer uma ilustração. Vejamos um exemplo de produção coletiva:

A LUA

NOSSA TURMA ESTÁ ESTUDANDO SOBRE A LUA, OBSERVAMOS, PESQUISAMOS, CONHECEMOS E DESCOBRIMOS MUITAS COISAS.

A LUA É O ÚNICO SATÉLITE NATURAL DA TERRA. É NATURAL PORQUE NÃO FOI CRIADA PELO HOMEM, JÁ NASCEU COM O UNIVERSO.

A SUPERFÍCIE DA LUA É COBERTA POR UMA POEIRA ESPACIAL, POSSUI MUITAS CRATERAS QUE SÃO FORMADAS PELO CHOQUE DOS METEORITOS (CORPOS SÓLIDOS QUE VAGAM PELO ESPAÇO), SUA COR É ACINZENTADA E SEU NÚCLEO É COMPOSTO DE PURO METAL. DENTRO DE SUAS CRATERAS EXISTEM CRISTAIS DE ÁGUA CONGELADA.

DAQUI DA TERRA PODE-SE OBSERVAR AS FASES DA LUA, QUE SÃO: NOVA, CRESCENTE, CHEIA E MINGUANTE. ESSAS FASES ACONTECEM PELO MOVIMENTO QUE A LUA E A TERRA FAZEM AO REDOR DO SOL. EM ALGUNS MOMENTOS, A LUA APARECE TODA ILUMINADA, EM OUTROS APARECE SOMENTE PELA METADE E EM OUTROS NÃO SE PODE VÊ-LA.

Para a **produção individual**, os alunos precisam ter conhecimentos prévios daquilo sobre o que terão de escrever. Em uma proposta de produção textual sobre as diferentes descendências dos alunos, cada um pesquisou sua origem, buscando dados de sua família. Eles fizeram anotações, levaram-nas para a sala de aula e cada um fez sua produção.

Outras pesquisas podem ser realizadas em livros, jornais e na internet antes da produção de texto. A sugestão a seguir versava sobre os meios de comunicação, e um aluno do 2º ano do ensino fundamental escolheu escrever sobre o rádio:

A VIDA DE UM RÁDIO

ELE FOI CRIADO NUMA FÁBRICA DE RÁDIOS, TEM TECNOLOGIA QUE PODE FAZER MÚSICA. O MATERIAL QUE ELE USA É PLÁSTICO. É VENDIDO EM LOJAS DE SOM, SHOPPINGS E MERCADOS.

O PREÇO VARIA EM R$ 2.300,00 COMO ELE É UM SOM MUITO CARO ELE DEMORA PARA SER VENDIDO, SENDO COMPRADO APENAS POR PESSOAS RICAS.

PODE SER USADO PARA OUVIR MÚSICAS COM FITA, CD, RÁDIO E TOCA-DISCOS.

UM DIA MICHAEL JACKSON ENTROU NO SHOPPING CURITIBA E COMPROU O SOM, LEVOU PARA A MANSÃO ONDE MORA E INSTALOU. ESCUTOU O CD DELE E FICOU DANÇANDO ATÉ CANSAR E DORMIU.

MUITO TEMPO DEPOIS O SOM ESTAVA VELHO MAS AINDA FUNCIONANDO. MICHAEL RESOLVEU DAR PARA UM MENINO POBRE E FOI NO SHOPPING COMPRAR OUTRO.

Matheus Amplatz Iurk

Figura 3.1 – Desenho de um rádio feito por um aluno para ilustrar uma produção escrita sobre meios de comunicação

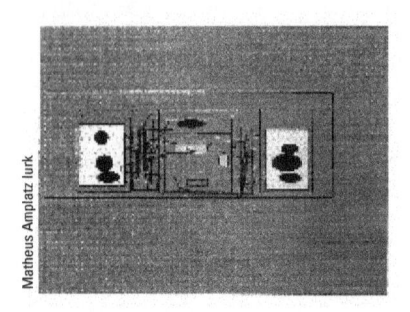

Matheus Amplatz Iurk

O aluno fez uma pesquisa prévia sobre o rádio, o material de que é feito, onde é vendido e seu preço. Em seu texto, seu cantor favorito foi transformado em personagem da história. Observamos, na estrutura textual, os parágrafos e os sinais de pontuação.

Durante o processo da escrita, o professor tem mais facilidade de intervir e orientar a composição e precisa informar aos alunos que a primeira versão não é a definitiva. Assim, enquanto escrevem, as crianças podem criar outras estratégias para uma produção mais eficaz.

Nesse momento da produção, a organização dos parágrafos e das ideias centrais que os conectam são muito importantes. Depois dessa fase, deve-se revisar o conteúdo, ler novamente, se necessário, passar o texto a limpo.

Diversos gêneros textuais podem ser trabalhados. O importante é compreender que a escrita deve ser ensinada, pois, conforme Calkins (citado por Pinheiro, 2007, p. 43), "para que se aprenda a escrever, é necessário que se esteja profundamente envolvido com a escrita, que se compartilhe o texto com outros alunos e que se perceba como autor".

Nesse processo, os alunos desenvolvem habilidades referentes à escrita. Na fase final, a informação adquirida pode ser acrescentada, modificada ou retirada. Mudanças de parágrafos podem ser feitas para reestruturar a produção. Podemos aproveitar das facilidades do computador, sem precisar apagar ou reescrever.

Conforme Pinheiro (2007), há uma inter-relação no processo de produção escrita que conecta desde planejamento, produção de ideias e produção do texto até a revisão e a produção final. Em todas as atividades, individuais ou coletivas, essas fases precisam ser observadas. A proposta estimula os alunos a se comunicarem na rede, pois eles podem publicar os textos em *blogs* ou fóruns de debate, praticando e refletindo sobre o que aprenderam.

3.4 O PROFESSOR E O TRABALHO COM A LINGUAGEM ESCRITA

Muitas são as estratégias que podem ser utilizadas pelo professor e pelos alunos para o desenvolvimento da linguagem escrita. Há algum tempo, a linguagem escrita era ensinada por meio de exercícios motores, como cobrir pontilhados e fazer cópias. Era fundamental que os alunos conhecessem as letras do alfabeto e soubessem grafá-las corretamente.

No modelo pedagógico atual, a coordenação motora continua importante, mas a maneira como a linguagem é trabalhada mudou. Constrói-se a linguagem escrita por meio de brincadeiras como caixa de areia, blocos de montar e modelagem, entre outras.

Segundo Ferreiro e Teberosky (1991), a linguagem escrita é uma atividade complexa, que exige processos mentais e cognitivos para ser desenvolvida. Precisamos pensar em um plano de trabalho para que os alunos passem por um ótimo processo de aprendizagem. Evitando um planejamento inflexível que torne todos os passos obrigatórios, devemos modificar e adaptar a atividade de acordo com os interesses da turma.

O professor deve compreender como os alunos se relacionam com a escrita, pois não podemos ter como referência apenas o modelo em que fomos alfabetizados. O progresso exige reflexão continuada.

A linguagem escrita deve trazer para a sala de aula os diferentes gêneros textuais (cartazes, receitas, poesias, canções e rótulos) para que os alunos compreendam a função social dessa modalidade da linguagem. É importante compartilhar a diversidade da escrita, com o propósito de levar os alunos a agir como leitores e escritores. Assim, as práticas devem inserir a criança no mundo, em vez de restringi-las ao ambiente escolar.

Sugestões de atividades com a linguagem escrita

- **Roda de conversa** – É uma atividade na qual os alunos podem se conhecer melhor, trocar experiências, ouvir os colegas e ser ouvidos. Essas dinâmicas acontecem de acordo com as necessidades da turma. Por exemplo, contar o resumo do livro lido no fim de semana, expor curiosidades em um mural, elaborar a rotina do dia, ler as produções e receber sugestões dos colegas.

- **Livro do mês** – Disponibilize um caderno em que possam ser registradas as pesquisas da turma, suas descobertas, vivências e curiosidades. Para iniciar, levante algumas problematizações, como "De qual animal você mais gosta?"; "Qual é sua fruta preferida?"; "Para que time você torce?". Depois de escolhida a temática, cada aluno pode levar o livro para casa e escrever e ilustrar sua produção. Até o fim do ano, pode-se ter uma coletânea de pelo menos oito livros produzidos pela turma.

- **Correspondência** – Proponha que os alunos escrevam, coletiva ou individualmente, uma carta para um colega ou para outra turma contando sobre um passeio, uma história ou uma receita. Organize um sorteio para definir os correspondentes. Cada criança desenha ou escreve sem revelar o destinatário. Depois de as cartas serem enveladas, os alunos podem deixá-las em uma caixa na sala de aula ou enviá-las pelo correio. As crianças geralmente esperam ansiosas pela entrega da mensagem.

- **Gênero poético** – Quadrinhas, parlendas e músicas são meios de trabalhar a linguagem poética de forma lúdica. Brincar com as rimas e as palavras ajuda as crianças a ampliar seu repertório e, assim, o professor consegue envolvê-las (voltaremos a esse assunto no Capítulo 6).
- **Varal literário** – Cada aluno produz seu texto sobre um tema sugerido pelo professor ou pelos colegas. Na sequência, apresenta o texto aos colegas e o pendura em um varal literário ou em um mural literário.
- **Jornal** – O jornal pode fornecer muitas possibilidades para o trabalho com a linguagem escrita. As crianças gostam de fazer de conta que são jornalistas. Para confeccionar o jornal, a turma deve definir um nome para ele e determinar quem fará cada atividade: ilustração, criação de manchete e reportagem, elaboração de anúncios, composição de classificados (de compra, venda, empregos etc.), criação de charges, redação de seção sobre os programas culturais (teatro, cinema, *shows* etc.).
- **Telejornal** – Pode-se dividir os alunos em grupos para que eles elaborem as notícias (de duas a três) a serem apresentadas à turma no formato de um telejornal.

3.5 MULTIMODALIDADE NA LINGUAGEM ESCRITA

Segundo Rojo (2006a), o desenvolvimento tecnológico deu origem a novas mídias e, por consequência, a gêneros multimodais de texto que passam a utilizar diversas modalidades da língua, como fala, escrita, imagens, grafismos, gestos e movimentos corporais. Alguns exemplos são a propaganda televisiva e o videoclipe. Nas mídias impressas, a multimodalidade também está presente. Podemos constatá-la em revistas, livros e jornais, e também em gráficos e infográficos que ilustram acontecimentos fazendo uma relação entre a escrita e a imagem para dar sentido ao texto.

Figura 3.2 – Exemplo de gênero multimodal: infográfico

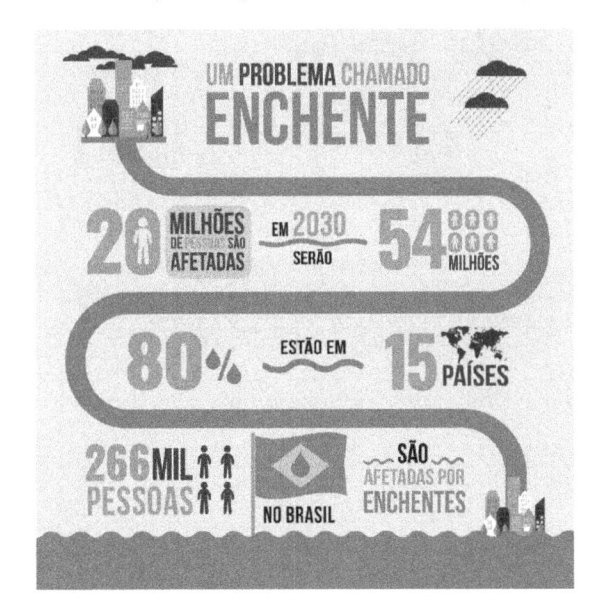

UM PROBLEMA CHAMADO ENCHENTE

20 MILHÕES DE PESSOAS SÃO AFETADAS EM 2030 SERÃO 54 000 000 MILHÕES

80% ESTÃO EM 15 PAÍSES

266 MIL PESSOAS NO BRASIL SÃO AFETADAS POR ENCHENTES

Agência Abridor de Latas

Outro exemplo são os gêneros publicitários, nos quais a imagem e a escrita interagem. Na Figura 3.3, apresentamos como exemplo um cartaz de propaganda da época da Segunda Guerra Mundial.

Figura 3.3 – Exemplo de gênero multimodal: anúncio publicitário

Figura 3.4 – Alguns gêneros escritos: carta, envelope, capa de revista e certidão de nascimento

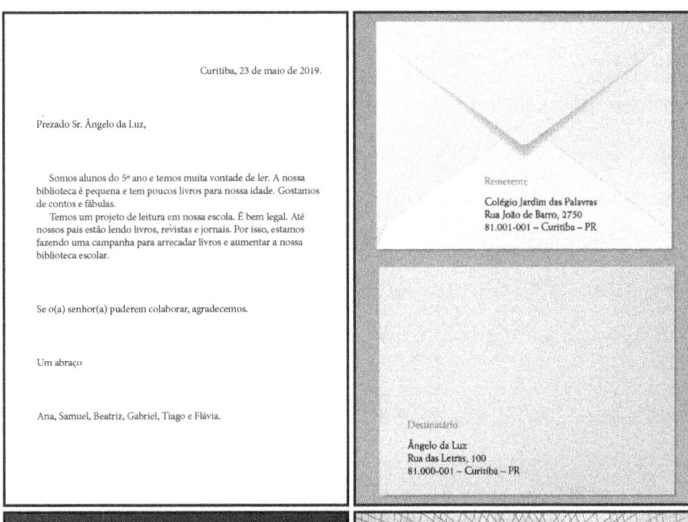

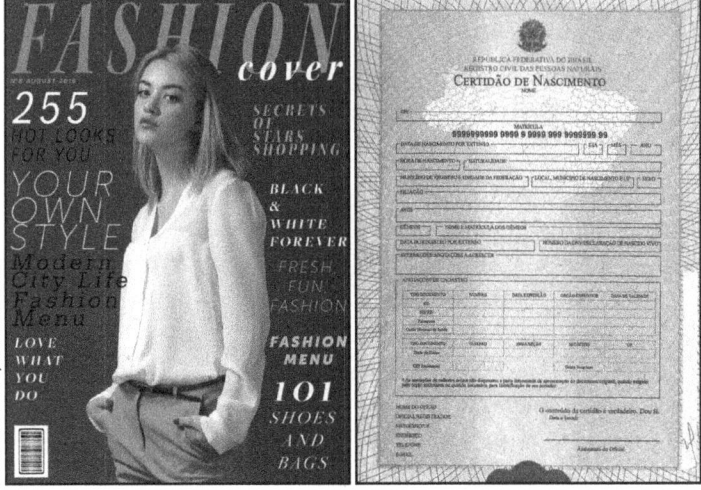

De acordo com Dionísio (2007, p. 185), "todos os gêneros textuais escritos são multimodais, mas nem todos os gêneros visuais são multimodais". Quando olhamos pela primeira vez uma página de jornal ou a página de um *site*, entendemos suas funções e seus propósitos porque a página segue convenções visuais de um gênero, conforme observa Wysocki (citado por Dionísio, 2007).

Dionísio (2007, p. 188) considera que "A força visual do texto escrito permite que se reconheça o gênero mesmo que não tenhamos o domínio da língua em que está escrito".

Figura 3.5 – Jornal: o impresso e o digital

Assim, por exemplo, a presença de fotografia e a disposição gráfico-espacial do texto na tela do computador nos leva a associar nosso conhecimento de um jornal impresso a uma página virtual.

O professor deve compreender como o uso de imagens pode contribuir para a aprendizagem e de que maneira pode chamar a atenção dos alunos. Os textos visuais estão cada vez mais presentes em diversos contextos sociais, como na ilustração de livros e em diagramas científicos. Nesse sentido, destacamos a importância da leitura de imagens no processo de aquisição da linguagem, ampliando o desenvolvimento da oralidade e da interpretação de gêneros diversos.

Ao trabalhar com a diversidade de gêneros em sala de aula, é importante que professores e alunos "estejam plenamente conscientes da existência de tais aspectos: o que eles são, para que eles são usados, que recursos empregam, como eles podem ser mutuamente integrados, como eles são tipicamente formatados, quais seus valores e limitações" (Lemke, citado por Dionísio, 2007, p. 195).

Dionísio (2007) ressalta que o professor precisa auxiliar os alunos nas diversas práticas de letramento e orientá-los a construir sentidos para o texto escrito e a analisar a combinação de recursos visuais e verbais.

3.5.1 PRÁTICAS DE LETRAMENTO E LINGUAGEM ESCRITA

Segundo Carvalho (2005a, p. 69), são muitos os textos encontrados na vida cotidiana que podem ser trabalhados ao longo do ensino fundamental. Eis alguns deles:

- Narrativas (histórias, contos de fadas, folclore, lendas, histórias de vida, casos da vida cotidiana).
- Listas (de compras, de coisas a fazer, de heróis favoritos, de meninos, de meninas, de brincadeiras).
- Poemas (para serem aprendidos de cor, criados pela turma ou recitados).
- Receitas culinárias (receitas simples e que possam ser preparadas em casa).
- Histórias em quadrinhos.
- Registros em forma de desenho*.
- Bilhetes e cartas.
- Convites (para festas de aniversário ou festas na escola).
- Agendas e diários.
- Entrevistas (com funcionários da escola ou com os pais).
- Documentos da vida cotidiana (requerimentos, certidões, recibos e formulários).
- Bulas (de remédios de uso comum).
- Normas e instruções (de jogos e regras para brincadeiras).

---

* Vygotsky (1998) considera que a escrita tem papel fundamental no desenvolvimento cultural da criança. Existe um deslocamento do desenho de coisas para o desenho de palavras.

Em sala de aula

Veja, a seguir, o exemplo de um jogo produzido por uma turma do 2º ano do ensino fundamental I.

DOMINÓ GIGANTE

NÓS CONVERSAMOS SOBRE COMO JOGAR O DOMINÓ GIGANTE E DESCOBRIMOS COM NOSSA TURMA ALGUMAS REGRAS:

- CADA CRIANÇA FICARÁ COM DUAS PEÇAS.
- O JOGO COMEÇA COM QUEM TEM O MAIOR CARRETÃO. O CARRETÃO É A PEÇA QUE TEM O MESMO NÚMERO NAS DUAS PONTAS, UM EXEMPLO É O SEIS COM SEIS.
- DEPOIS QUE A CRIANÇA QUE TEM O CARRETÃO COLOCAR A PEÇA NO CHÃO, O COLEGA QUE ESTÁ DO LADO DIREITO CONTINUA.
- SE O COLEGA NÃO TIVER A PEÇA, PASSA A VEZ.
- TEMOS QUE CUIDAR PARA NÃO PASSAR NA FRENTE DO COLEGA QUANDO TEMOS A PEÇA.
- TEMOS QUE CUIDAR AO COLOCAR A PEÇA NO CHÃO PARA NÃO DESMANCHAR A TRILHA DO DOMINÓ. VAMOS ANDANDO E NÃO CORRENDO. ESTE JOGO NÃO TEM VENCEDOR. QUEM VENCE É A TURMA QUANDO FECHA O DOMINÓ [...].

Fonte: Amplatz, 2012, p. 26.

3.6 FASES DE DESENVOLVIMENTO DA APRENDIZAGEM DA LINGUAGEM ESCRITA

São várias as teorias que embasam as fases de desenvolvimento da criança no processo de aquisição da língua escrita. Algumas propostas são semelhantes, outras se diferenciam "pela delimitação de fases no processo de desenvolvimento" (Soares, 2017, p. 57) tanto da leitura como da escrita. Cada teórico utiliza um critério para diferenciar as fases. Vamos conhecer algumas delas.

3.6.1 A PERSPECTIVA SEMIÓTICA

Segundo o Dicionário Houaiss, a semiótica é o "estudo dos fenômenos culturais considerados como sistemas de significação, tenham ou não a natureza de sistemas de comunicação (inclui, assim, práticas sociais, comportamentos etc.)" (IAH, 2019).

Segundo Soares (2017), as materializações semióticas em brincadeiras de faz de conta, desenhos e rabiscos, por exemplo, fazem parte do processo de aquisição da linguagem escrita mediante o emprego de signos e significados. Essas atividades ajudam a criança a compreender a escrita como um sistema, ao mesmo tempo, de representação e de registro.

Para Vygotsky (citado por Soares, 2017, p. 57), a "única forma de nos aproximarmos de uma solução correta para a psicologia da escrita é através da compreensão de toda a história do desenvolvimento dos signos na criança".

A escrita não é construída somente com base na visão, do mesmo modo que a fala não é adquirida somente pela audição. Assim, no processo de desenvolvimento da escrita, a criança faz uso do tato, do olfato, do paladar e dos sentimentos (Soares, 2017).

Para o trabalho na educação infantil, é importante preparar a criança para a compreensão da escrita por meio de atividades como brincadeiras de faz de conta, desenhos, rabiscos, representação icônica de seres, objetos e sentimentos em geral. Estas não são apenas atividades de alfabetização, mas parte do processo de desenvolvimento.

3.6.2 LURIA E O DESENVOLVIMENTO DA ESCRITA DA CRIANÇA

Para Luria (2010, p. 143), a escrita começa muito antes de a criança pegar um lápis e o professor mostrar a forma das letras, pois "quando uma criança entra na escola, ela já adquiriu um patrimônio de habilidades e destrezas que a habilitará a aprender a escrever em um tempo relativamente curto".

Luria descreveu os estágios do desenvolvimento da linguagem escrita. Para identificá-los, solicitou a crianças pré-escolares, que ainda não tinham aprendido a escrever, que tomassem nota de algumas palavras ou frases que lhes eram apresentadas. Para uma criança escrever ou anotar, precisava de duas condições. A primeira estava relacionada às coisas ao redor que interessava a ela, definindo com quais gostaria de brincar ou aquelas que gostaria de ter. Aqui é importante observar como esses objetos auxiliam na obtenção de um significado. Em segundo lugar, Luria observava a capacidade da criança em controlar o próprio comportamento. Só quando as ligações dela com o mundo se tornam diferenciadas é que a relação funcional com as coisas é desenvolvida.

Luria identificou que, em um primeiro estágio, as crianças tentavam formar frases utilizando inúmeros rabiscos, imitando a escrita adulta. Nesse período, a criança entende que escrever é "representar algum significado" (Luria, 2010, p. 149). Assim que usados os **rabiscos**, as crianças podem esquecê-los. Eles somente dão a **ideia de representação**.

No decorrer do desenvolvimento da escrita, as crianças usam o desenho como escrita pictográfica. Segundo Luria (2010, p. 162),

> o processo de escrita, que começou com um gráfico não diferenciado, puramente imitativo, simples acompanhamento das palavras apresentadas, depois de algum tempo foi transformado em um processo que indicava que superficialmente estabelecera-se uma conexão entre a produção gráfica e a sugestão apresentada.

Primeiro, as crianças tendem a fazer rabiscos curtos para registrar palavras. Rabiscos longos representam frases. Mais tarde, a marca gráfica caracteriza a percepção e extensão do ritmo da cadeia sonora. Nesse momento, a marca gráfica se tornava signo (Soares, 2017). Assim, as crianças fundamentam a descoberta do princípio alfabético. Na verdade, os estágios são semióticos, razão pela qual a teoria de Luria está mais próxima a de Vygotsky que das teorias linguísticas.

3.6.3 A ESCRITA INVENTADA DE BISSEX

Na mesma época em que Emilia Ferreiro e Ana Teberosky publicavam suas pesquisas, a estudiosa Glenda Bissex lançava nos Estados Unidos um estudo sobre a aprendizagem inicial da língua escrita. Tomando como base a experiência de seu filho dos 4 aos 11 anos, "Bissex analisava o desenvolvimento da leitura e escrita de uma forma mais genérica, inserindo-a em padrões mais gerais do conhecimento humano e aprendizagem" (Soares, 2017, p. 68).

Segundo Bissex, a criança começa a ler e a escrever por meio de desenhos e garatujas antes de reconhecer as letras, e desenvolve a escrita por um processo de diferenciação e integração, pois "associa qualquer letra a um significado e há associação entre letras específicas e seus correspondentes sons na língua oral" (Soares, 2017, p. 68).

A escrita "inventada" corresponde à grafia que a criança cria quando ainda não aprendeu e escreve estabelecendo correspondências entre fonemas e grafemas segundo sons da língua e as letras do alfabeto.

Na década de 1970, Charles Read retomou os estudos de Bissex e analisou crianças de 3 a 6 anos, identificando em suas escritas a presença de um sistema fonológico.

3.6.4 OS ESTÁGIOS DE DESENVOLVIMENTO SEGUNDO GENTRY

Richard Gentry (citado por Soares, 2017) organizou os dados de Bissex em cinco estágios de desenvolvimento:

1. **Pré-comunicativo** – A criança usa letras que conhece sem correspondência som/letra.
2. **Semifonético** – As palavras são representadas por algumas letras, mas segundo seu valor sonoro.

3. **Fonético** – A criança "inventa" um sistema ortográfico que representa a estrutura fonológica da palavra.
4. **De transição** – A criança passa da escrita fonológica para uma escrita com apoio em representação visual e morfológica.
5. **Convencional** – Por meio de experiências frequentes de escrita, a criança passa a dominar o sistema ortográfico.

Posteriormente, Gentry (citado por Soares, 2017, p. 70), propôs uma escala de escrita também em cinco níveis que coloca o foco no alfabético e não no fonético:

1. **Nível 0** – Escrita não alfabética, na qual a criança expressa-se por meio de garatujas e traços.
2. **Nível 1** – Estágio pré-alfabético, no qual as letras são usadas de forma aleatória sem correspondência de som.
3. **Nível 2** – Estágio parcialmente alfabético, no qual as letras são usadas para representar os sons, mas não se tem ainda o conhecimento das correspondências entre fonemas e letras.
4. **Nível 3** – Estágio plenamente alfabético, no qual todos os fonemas de palavras são representados, mas sem o conhecimento das convenções ortográficas.
5. **Nível 4** – Estágio alfabético consolidado, no qual a criança tem domínio dos padrões ortográficos e plena compreensão de como o sistema funciona.

Essa classificação de desenvolvimento proposta por Gentry permite identificar o nível em que a criança se encontra no processo de alfabetização e, assim, compor novas propostas didáticas para o ensino da linguagem escrita.

3.6.5 AS FASES DE DESENVOLVIMENTO SEGUNDO FRITH

A teoria de Uta Frith foi proposta nas décadas de 1980 e 1990 como um quadro de referência para a discussão das dificuldades de aprendizagem da leitura na dislexia de desenvolvimento (Soares, 2017).

Em sua teoria do desenvolvimento da escrita, o foco é a leitura. Assim, a autora divide o desenvolvimento da leitura em três fases, que compreendem as habilidades:

1. **logográficas**, pelas quais a criança reconhece as palavras familiares, mas a ordem das letras e suas correspondências fonológicas ainda são ignoradas;
2. **alfabéticas**, que permite à criança fazer correspondências fonema-grafema;
3. **ortográficas**, que ajuda a criança a analisar as palavras em unidades ortográficas sem convenção fonológica.

De acordo com Soares (2017), Frith inclui em sua teoria das fases a principal divisão das habilidades de alfabetização em componentes de entrada e de saída, o reconhecimento de palavras (leitura) e a produção de palavras (escrita).

3.6.6 AS FASES DE DESENVOLVIMENTO SEGUNDO EHRI

Assim como para Frith, o foco na teoria de Ehri é o desenvolvimento da escrita da criança por meio da leitura de palavras. Segundo Soares (2017), as fases propostas por Ehri são quatro:

1. **Pré-alfabética** – O autor utiliza esse termo no lugar de *logográfico*, pois acredita ser inadequado considerar estratégias logográficas como uma fase de aquisição. Em sua análise do processo de aprendizagem do sistema de escrita, o objeto do conhecimento é o sistema alfabético. A criança lê palavras apoiando-se em pistas visuais ou contextuais, como as letras do próprio nome, a leitura de logomarcas, o reconhecimento de um desenho, das palavras, do traçado de letras e de símbolos visuais.
2. **Parcialmente alfabética** – A criança estabelece relações entre a escrita e a pronúncia em sua aprendizagem do valor sonoro de certas letras. Ehri considera essa fase o primeiro passo para a criança desenvolver os sons das palavras e sua relação com as letras, mesmo não tendo domínio total do sistema alfabético. As representações das palavras nessa fase são parciais e a criança pronuncia os fonemas correspondentes às letras que conhece.
3. **Plenamente alfabética** – A criança passa a dominar a maior parte das correspondências fonema-grafema e consegue segmentar as palavras em fonemas.

4. **Alfabética consolidada** – A identificação de sequências de letras que representam unidades grafofonêmicas e morfemas predomina sobre o grafema-fonema. Ao ler, a criança reconhece "unidades maiores que o grafema: morfemas, sílabas, o ataque e rima; prefixos e sufixos; terminações recorrentes nas palavras" (Soares, 2017, p. 76). Nessa fase, a criança tem a leitura mais automática e fluente e liberta-se da decodificação, passando a concentrar-se na compreensão do que está lendo.

No próximo capítulo, daremos continuidade à análise das fases da escrita com base na psicogênese da língua escrita de Emilia Ferreiro e Ana Teberosky.

SÍNTESE

Neste capítulo, constatamos que a escrita precisa de uma representação. Ao longo da história da humanidade, ela passou por muitas fases e até que se formulasse o alfabeto que utilizamos até hoje. Discutimos a importância das habilidades linguísticas para a construção cognitiva da escrita e diferenciamos o conhecimento implícito do explícito para a aprendizagem. Vimos que a tecnologia pode ser uma aliada na linguagem escrita para a produção coletiva e individual e que a multimodalidade contribui com os novos gêneros que nasceram do desenvolvimento tecnológico. Por fim, fizemos uma revisão teórica sobre o desenvolvimento da aprendizagem da linguagem escrita e conhecemos alguns teóricos que estudam a representação escrita.

INDICAÇÕES CULTURAIS

Filme

COMO estrelas na Terra: toda criança é especial. Direção: Aamir Khan. Índia: UTV Motion Pictures, 2007. 165 min.

Esse filme conta a história de um menino chamado Ishaan Awasthi, que vive no mundo da fantasia, sonhando acordado. Ele quer descobrir o mundo. Cursa a terceira série pela segunda vez e corre o risco de reprovar novamente. Conforme avaliação das professoras, precisa prestar mais atenção em sala de aula e estudar mais. Ishaan, porém, não consegue ler. Disse para a professora que as letras dançam na sua frente e, por causa disso, não consegue acompanhar o que os colegas fazem. No decorrer de sua vida escolar, Ishaan mostra o valor da conquista e da superação graças ao olhar de um professor.

Artigo

VIEIRA, D. M. Jogos de linguagem: estratégia para atividades diversificadas no processo de alfabetização e letramento. In: AMARAL, A. C. T. do; CASAGRANDE, R. C. de B.; CHULEK, V. (Org.). **Educação infantil e anos iniciais do ensino fundamental**: saberes e práticas. Curitiba: SEED-PR, 2012. p. 43-62. Disponível em: <http://www.educadores.diaadia.pr.gov.br/arquivos/File/cadernos_pedagogicos/educacaoinfantil_anosiniciais.pdf>. Acesso em: 19 jul. 2019.

A autora indica estratégias de atividades para o trabalho da linguagem no processo de alfabetização e letramento.

ATIVIDADES DE AUTOAVALIAÇÃO

1. A perspectiva semiótica pode ser definida como um processo no qual:
   a) as atividades não são integradas ao desenvolvimento dos signos e significados.
   b) podemos considerar no desenvolvimento da linguagem os rabiscos, os desenhos, os jogos, as brincadeiras e o faz de conta.
   c) a criança constrói o sistema de representação por meio de signos.
   d) há uma compreensão da escrita que só abrange a linguagem verbal.
   e) estão envolvidos fenômenos culturais considerados como sistemas de significação.

2. A metalinguística envolve:
   a) tomar a língua como objeto de reflexão e análise.
   b) memorizar letras, sílabas e palavras.
   c) designar comportamentos.
   d) evoluir conforme a influência de um contexto de escrita.
   e) sinais de comunicação.

3. Relacione os conceitos de conhecimento implícito e conhecimento explícito com suas características:
   I. Conhecimento implícito
   II. Conhecimento explícito
   ( ) Inclui a ortografia e as hipóteses que a criança elabora.

( ) Continuará ocorrendo à medida que a criança escreve.
( ) Apoia-se nas capacidades funcionais que existem no primeiro contato da escrita.
( ) É essencial para a evolução das respostas automáticas.
( ) Faz as correspondências grafemas-fonemas, sendo indispensável para a leitura e a escrita.

Assinale a alternativa correspondente à sequência correta de preenchimento dos parênteses:

a) I, II, II, I, I.
b) II, I, I, II, II.
c) I, I, I, II, II.
d) II, I, II, I, I.
e) II, II, I, I, II.

4. Sobre a relação entre a linguagem escrita e o uso do computador, indique se as afirmações a seguir são verdadeiras (V) ou falsas (F):
( ) No computador, fica mais fácil a releitura da produção e a criança pode modificar seu texto à medida que o produz.
( ) Há maior facilidade na aprendizagem e o aluno produz com muito mais incentivo.
( ) O uso do computador estimula os alunos a escrever, pois é uma ferramenta atraente e que faz parte do cotidiano de muitos deles.
( ) Não precisa de um planejamento antes da produção, pois basta ter um computador e começar a escrever.

( ) Trabalhar a produção escrita usando o computador não é uma ferramenta pedagógica facilitadora da aprendizagem.

Assinale a alternativa correspondente à sequência correta de preenchimento dos parênteses:

a) V, F, V, F, V.
b) F, V, V, V, F.
c) V, V, V, F, F.
d) V, V, F, F, F.
e) F, V, V, F, F.

5. Numere os fatos históricos em ordem cronológica de I a V:

( ) A fase alfabética caracteriza-se pelo uso de letras.
( ) Os pictogramas estão associados a uma imagem a ser representada, caracterizando a fase pictórica.
( ) Os sumérios inventaram os cuneiformes.
( ) A fase ideográfica é caracterizada pela escrita dos desenhos, ideogramas ou signos-ideias dos objetos.
( ) Por volta de 3000 a.C., os pictogramas e ideogramas eram utilizados com valor fonético.

Assinale a alternativa correspondente à sequência correta de preenchimento dos parênteses:

a) I, III, IV, II, V.
b) V, I, II III, IV.
c) II, I, III, IV, V.
d) V, II, I, III, IV.
e) IV, II, III, I, V.

ATIVIDADES DE APRENDIZAGEM

Questões para reflexão

1. Reflita sobre as seguintes questões: De que forma a tecnologia pode auxiliar na construção da escrita? O computador é importante para a produção de um texto? Você concorda com o uso da tecnologia em sala de aula? Justifique suas respostas.

2. Cite dois aspectos positivos e dois aspectos negativos para o trabalho da produção de textos utilizando o computador.

Atividade aplicada: prática

1. Imagine uma situação em que, no laboratório de informática, com o auxílio do computador, uma turma precisa escrever um breve relato da experiência da confecção de uma bússola em uma aula de Ciências. Como você orientaria a reescrita da produção a seguir, feita por uma criança de 7 anos?

> **A CIÊNCIA**
>
> PRIMEIRO A PROFESSORA PAULA ENTREGOU UMA ROLIA PARA CADA UM DE NÓS, DEPOIS A PROFESSORA RITA ENTREGOU AS AGULHAS SEM PONTA COM MUITO CUIDADO. A PROFESSORA PAULA ENTREGOU IMÃ PARA A GENTE PASSAR A AGULHA SEM PONTA, DEPOIS A PROFESSORA ENCHEU OS VIDROS COM ÁGUA, ENTÃO COLOCAMOS A AGULIA COM A ROLHA ESPETADA NA ÁGUA, FECHAMOS O VIDRO E COLOCAMOS O IMÃ EM CIMA DA TAMPA, SACUDIMOS O VIDRO E OBSERVAMOS A POSIÇÃO DA AGULHA. NORMALMENTE A AGULHA PARA APONTANDO PARA O NORTE.

Tenha como base as seguintes questões:

a) A produção tem título?
b) Há erros ortográficos?
c) Há parágrafos?
d) A pontuação está correta?

4
DESENVOLVIMENTO DA LINGUAGEM ESCRITA PELA CRIANÇA

Neste capítulo, continuaremos os estudos sobre a aquisição da linguagem escrita e compreenderemos, de maneira teórica e prática, como as crianças elaboram suas hipóteses na compreensão do sistema alfabético.

Sabemos que o processo de construção da escrita não consiste apenas em relacionar grafemas (letras) e fonemas (sons) para descobrir como se escreve uma palavra. Trata-se de um processo por meio do qual a criança constrói e reconstrói hipóteses sobre a natureza e o funcionamento da linguagem e do sistema da escrita.

Escrever não é uma tarefa fácil. Sua construção passa gradativamente de um nível conceitual linguístico para outro, classificados por Ferreiro e Teberosky (1991) como pré-silábico, silábico, silábico-alfabético e alfabético.

Essa classificação não tem o objetivo de rotular as crianças, mas de indicar um caminho a ser seguido, tendo como base o que a criança já conhece.

A seguir, conheceremos o processo de construção da escrita segundo as contribuições da psicogênese para essa área escrita.

4.1 CONSIDERAÇÕES DA PSICOGÊNESE PARA A ESCRITA

É interessante iniciarmos esta discussão definindo o termo *psicogênese*. Segundo o glossário Ceale (2019), elaborado pela Universidade Federal de Minas Gerais (UFMG), esse termo "pode ser compreendido como origem, gênese ou história da aquisição de conhecimento e funções psicológicas de cada pessoa, processo que ocorre ao longo de todo o desenvolvimento, desde os anos iniciais da infância, e aplica-se a qualquer objeto ou campo do conhecimento".

No campo da aquisição da escrita, a psicogênese surgiu na década de 1980 com os estudos de Emilia Ferreiro e Ana Teberosky, que compreenderam que o conhecimento não está somente no sujeito (racionalismo) nem no objeto (empirismo), mas na interação ou nas trocas do sujeito com o objeto (interacionismo), havendo uma transformação de ambos.

Com uma abordagem psicológica, a psicogênese da escrita observa e estuda como a criança se apropria dessa modalidade da língua, cabendo aos profissionais da educação fazer uma transposição didática dessa abordagem para a sala de aula (Freire, 2003).

Segundo Ferreiro (2001), é necessário compreender como a criança aprende e interpreta o meio em que ela se insere e resolve questões que o mundo nela desperta.

Durante muito tempo, as práticas de alfabetização eram compostas de correspondências de sons e letras. Assim, as aprendizagens da língua eram reduzidas a um conjunto de sons representados por letras. As crianças aprendiam primeiro as vogais, e depois as consoantes eram sistematizadas em uma ordem sequencial alfabética, por exemplo: B + A = BA; B + E = BE, e assim sucessivamente. Dessas sílabas, faziam a leitura e produziam a escrita das palavras *babou*, *bebe*, *oba*, *baba*, *eba* e *beba*, entre outras.

Quando aprendiam a letra C, juntavam-se as sílabas C + A = CA; C + O = CO; C + U = CU, e as novas palavras eram *bico*, *cabo*, *boca*, *cubo* e *beco*, entre outras.

Os estudos de Ferreiro e Teberosky (1991) sinalizaram que a língua escrita não era uma mera apropriação de um código de sílabas e palavras, mas um aprendizado para além da simples codificação e decodificação. Com a psicogênese da língua escrita, o aprendizado não se dá mais pela correspondência grafofônica (grafema-fonema). Agora, é sabido que se aprende a ler e a escrever lendo e escrevendo. O aprendizado da escrita torna-se, então, um **processo ativo**. Vejamos a frase que uma criança escreveu:

> O CASOFO.
> Tradução: O cachorro saiu correndo.

Essa foi a hipótese elaborada para construir a frase. O professor precisa conhecer os processos de aprendizagem e utilizar atividades que favoreçam e estimulem cada vez mais essa construção. É necessário entender que os erros são característicos dessas fases. Aqui, o que interessa é a lógica do erro.

As crianças reinventam seus sistemas de escrita levantando hipóteses e precisam delas até alcançarem o padrão de escrita vigente. Algumas hipóteses possíveis para a palavra *casa*, por exemplo, são:

> KZ, KZA, KAZA, CAZA, CASA

A aprendizagem, segundo Ferreiro e Teberosky (1991), ocorre por meio da construção das próprias ações. Assim, a criança aprende e constrói as próprias categorias de pensamento e organiza sua percepção do mundo.

Nas produções espontâneas, as crianças escrevem como acreditam que se escreve corretamente determinada palavra.

Aprender a ler ou a interpretar requer uma atitude teórica definida (Ferreiro, 2011). Algumas crianças podem conhecer o nome das letras e não compreender o sistema de escrita. Outras podem avançar nessa compreensão sem ter tido informações sobre a denominação das letras.

As primeiras escritas aparecem como "grafismos separados entre si, compostos de linhas curvas e retas ou combinações entre ambas" (Ferreiro; Teberosky, 1991, p. 183). De acordo com Ferreiro (2011), as primeiras escritas do ponto de vista construtivo, desenvolvem-se em três grandes períodos, a saber:

1. **Distinção entre representação icônica e não icônica** – São as marcas gráficas figurativas e as não figurativas. Nesse momento, a distinção entre desenhar e escrever é de fundamental importância. O desenhar está no domínio icônico, e o escrever, fora do icônico. Exemplo:

    Figura 4.1 – Representação icônica produzida por criança em processo de alfabetização

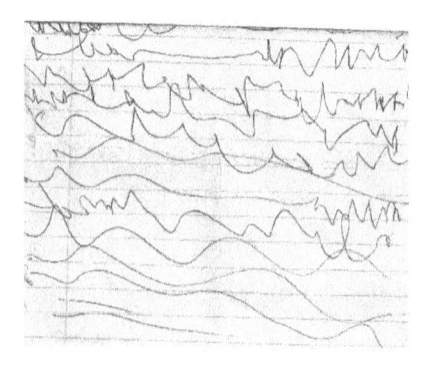

2. **Construção das formas de diferenciação** – Controle progressivo das variações entre os eixos qualitativo e quantitativo, que busca diferenciações entre as escritas produzidas. As crianças escrevem coisas diferentes, com variações no eixo quantitativo (variar a quantidade de letras de uma escrita para a outra para obter escritas diferentes). Exemplos:

> PAINAIGO para PETECA
> XIAKMWNIHO para XÍCARA
> DAILMVWNT para BARCO
> CAMNANTO para PETECA

No eixo qualitativo, variam o repertório de letras que se utiliza de uma escrita para a outra e a posição das mesmas letras sem modificar a quantidade. Exemplo:

> SABMAIHN para SAPINHOS
> PARBMI para PATINHOS

3. **Fonetização da escrita** – inicia-se no período silábico e culmina no período alfabético. As letras começam a adquirir um valor sonoro (silábico) relativamente estável, levando à correspondência qualitativa entre partes sonoras semelhantes que começam a representar letras: ao – pato; aioa – mariposa. No eixo quantitativo, não basta ter uma letra para representar cada sílaba, já que se escrevem

palavras com uma, duas ou três letras, como PATO e MRIPSA. Exemplos:

> KMINAO para CAMINHÃO
> MAQAQO para MACACO

Na teoria da psicogênese da língua escrita, as crianças, para construir o conhecimento do sistema alfabético, passam por níveis estruturais. Vamos conhecê-los na próxima seção.

4.2 NÍVEIS ESTRUTURAIS CONFORME A PSICOGÊNESE DA LÍNGUA ESCRITA

Os níveis estruturais são caracterizados por esquemas conceituais em que a criança constrói seus conhecimentos com base na informação recebida. A passagem de um nível a outro é gradual e depende das intervenções realizadas pelo professor.

4.2.1 ESCRITA PRÉ-SILÁBICA

Nessa fase, "escrever é reproduzir os traços típicos da escrita que a criança identifica como forma básica de escrita" (Ferreiro; Teberosky, 1991, p. 183).

A criança ainda não compreende a "natureza do sistema alfabético, no qual a grafia representa sons e não ideias, como nos sistemas ideográficos" (Freire, 2003, p. 3).

As hipóteses levantadas pelas crianças são elaboradas por meio de quatro estratégias:

1. **Representação icônica** – A criança não tem noção da escrita e escrever é igual a desenhar. "O desenho como que provendo um apoio à escrita, como garantindo seu significado" (Ferreiro; Teberosky, 1991, p. 187).
2. **Representação não icônica** – Além de desenhar, a criança usa garatujas e rabiscos, iniciando seu conceito de escrita. Os grafismos são separados entre si e compostos de linhas curvas e retas ou combinações de ambas (Figura 4.2).

Figura 4.2 – Exemplo de representação não icônica produzida em escrita pré-silábica

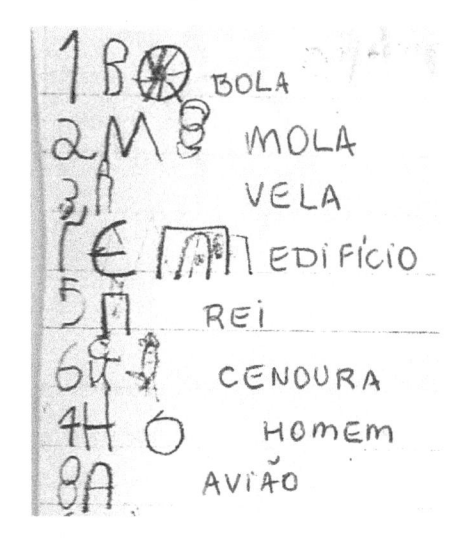

3. **Letras aleatórias** – A criança já conhece as letras e sabe que precisa delas para escrever, mas "não faz nenhuma correspondência sonora entre a fala e a escrita" (Freire, 2003, p. 3). Exemplos:

> EAUM
> CARROUMNV
> ORADDA
> IVAOAUCARROOIA OXDAOAQAAVA VCARRO
> THE
> EIO
>
> Tradução: Era uma vez um carrinho, ele estava andando e ele furou as rodas dele, e ele foi lá, trocar as rodas que ele nunca mais vai furar as rodas dele.

4. **Realismo nominal** – Uma das características que a criança apresenta nessa fase é supor que a escrita representa os objetos e não seus nomes. Segundo Ferreiro e Teberosky, "a escrita é uma escrita de nomes, mas os portadores desses nomes têm, além disso, outras propriedades que a escrita poderia refletir, já que a escrita do nome não é ainda a escrita de uma determinada forma sonora" (Ferreiro; Teberosky, 1991, p. 184).

A escrita pré-silábica se caracteriza pelo uso de letras sem correspondência com valores sonoros e sem as propriedades sonoras da palavra (número de sílabas), mas respeita as hipóteses elaboradas pela criança durante o processo.

4.2.2 ESCRITA SILÁBICA

Nessa fase, "para poder ler as coisas diferentes deve haver uma diferença objetiva na escrita" (Ferreiro; Teberosky, 1991, p. 189). A criança descobre que pode escrever com lógica e "cada sílaba é representada por uma letra com ou sem conotação sonora" (Freire, 2003, p. 3). Quando a criança tenta escrever frases também pode usar uma letra para cada palavra.

A criança supõe que deve escrever tantas letras quantas forem as vezes que abre a boca. Assim, para cada sílaba oral escreve uma letra. "Cada letra vale como parte de um todo e não tem valor em si mesma" (Ferreiro; Teberosky, 1991, p. 190).

No exemplo a seguir, a escrita silábica não tem valor sonoro e a criança escreve "uma letra para cada sílaba, sem se preocupar com o valor sonoro correspondente" (Freire, 2003, p. 3). Exemplo:

> ESEPFESULAESSO
> E SE P F E
> SU LA E S S O
> Tradução: Ele fica feliz e ela não. Eles ficam amigos.

Já no exemplo que segue, a escrita silábica tem valor sonoro: a criança escreve uma letra para cada sílaba, utilizando letras que correspondem ao som, ora só vogais, ora só consoantes.

> O CAO CM KP
> Tradução: O cavalo come capim.

Segundo Ferreiro (2001, p. 95), "a criança domina o sistema enquanto produtora, porque não entende o que acontece com a produção dos outros: se tenta aplicar essa teoria silábica à produção feita por outros, fracassa redondamente, pois lhe sobram letras todo o tempo".

4.2.3 ESCRITA SILÁBICO-ALFABÉTICA

Essa fase é caracterizada pela tentativa de dar "valor sonoro a cada uma das letras que compõem a escrita" (Ferreiro; Teberosky, 1991, p. 193). A escrita continua evoluindo para uma maior importância: cada letra vale uma sílaba. Aqui surge a hipótese silábica e, com ela, a criança avança para o próximo nível (Ferreiro; Teberosky, 1991). Exemplo:

> MI BOCAL PQNA
> Tradução: Minha bolsa pequena.

Na escrita silábico-alfabética, "as letras começam a ser usadas com um valor silábico fixo, a hipótese silábica e a quantidade mínima adquire novas características" (Ferreiro; Teberosky, 1991, p. 195).

O silábico-alfabético, conforme Ferreiro (2001, p. 96), rompe com a solidez da teoria silábica. Nessa fase, percebe-se que é preciso ir além da sílaba, ocorrendo assim uma transição, pois a criança volta a questionar quantas letras são necessárias para escrever uma palavra. Sabe quais, mas não sabe quantas.

4.2.4 ESCRITA ALFABÉTICA

Essa fase é a passagem da hipótese silábica para a alfabética. Segundo Ferreiro (2001, p. 209), "a criança abandona a hipótese silábica e descobre a necessidade de fazer uma análise que vá 'mais além' da sílaba pelo conflito entre a hipótese silábica e a exigência de quantidade mínima de grafias e o conflito entre as formas gráficas que o meio lhe propõe".

Ainda nessa fase, a criança adquire conhecimento do valor sonoro de todas ou quase todas as letras, juntando-as para formar sílabas e palavras. Exemplo:

> **O PARQUE**
>
> O MENINO E A MENINA DANDO COMIDA PARA AS POMBAS
> O OMEM ESPATU AS POMBAS
> DAI O MENINO PEGOU O OMEM
> DEPOIS COMTINUARAO DAMDO COMIDA PARA AS POMBAS.

Quando lemos a produção anterior, podemos afirmar que, nesse período, a criança:

- compreende o valor sonoro das letras;
- distingue letras, sílabas e palavras para a formação das frases;
- faz relação entre o som e a letra, mas não ortograficamente.

A partir desse momento, o professor precisa mediar a correção ortográfica e gramatical, orientando a escrita correta e a aplicação de regras.

Atividades que contemplam diversos níveis de escrita (do pré-silábico ao alfabético)

Caça-palavras/gravuras

Material: Cartelas contendo palavras diversas e figuras/gravuras correspondentes a todas as palavras escritas.

Como jogar: Cada aluno recebe uma cartela e deve encontrar as figuras/gravuras que correspondem às palavras escritas. As fichas devem estar em cima da mesa para que o aluno procure a figura correta.

Figura A – Exemplos de cartelas para o jogo de caça-palavra

VELA | COPO

SUCO | BOLO

Inspiring/Shutterstock

Dominó de palavras

Material: Fichas de papel-cartão ou cartolina contendo, cada uma, a figura/gravura de um animal e, ao lado, o nome de outro bicho, cuja figura também exista no jogo.

Como jogar: Embaralhe o jogo e divida as fichas entre os alunos, conforme a quantia, lembrando que o dominó deve conter no mínimo 20 cartas. Para jogar, os alunos escolhem quem é o primeiro e depois obedecem a uma sequência. Se um aluno jogou a carta da palavra *gato* e o desenho do cachorro, o próximo deve encontrar a palavra *cachorro* ou o desenho do gato.

Figura B – Exemplo de fichas para o dominó de palavras

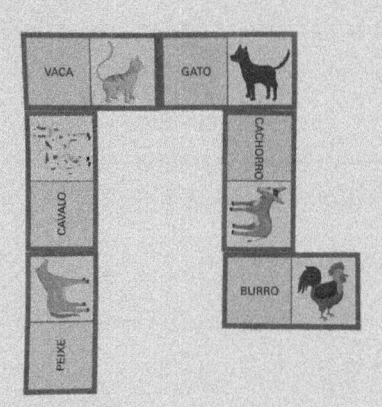

Jogo da memória dos pares que rimam

Material: Cartas com palavras que rimam e seus respectivos desenhos.

Como jogar: As cartas com as palavras devem ser colocadas na mesa com as faces voltadas para baixo. Sorteia-se a ordem das jogadas. O jogador tira duas cartas, olha os desenhos e faz a leitura. Se as palavras rimarem, ele fica com as cartas e, em caso negativo, devolve as cartas para a mesa. Vence quem tem mais cartas.

Figura C – Exemplo de fichas para o jogo da memória dos pares que rimam

Cartela com letras

Material: Cartelas com figuras/gravuras e os nomes correspondentes escritos.

Como jogar: Com o alfabeto móvel, as crianças devem colocar as letras em cima das outras letras que estão na cartela.

Figura D – Exemplo de cartela para o jogo de cartela com letras

Caixinha de letras

Material: Caixinhas de fósforo encapadas com figuras/gravuras em uma de suas faces. Dentro, letras que formam o nome da figura.

Como jogar: Cada criança escolhe uma caixinha, tira as letras que estão dentro e monta a palavra. Depois, registra em um papel.

Figura E – Exemplos de caixinhas de letras

Inspiring/Shutterstock

Sobrepor palavras/frases em um texto

Material: Cartelas com textos (podem ser quadrinhas, músicas ou brincadeiras).

Como jogar: Divida a turma em grupos. Entregue um pequeno texto para cada grupo. Distribua as palavras/frases desse texto e peça às crianças que as localizem colocando palavra/frase em cima de palavra/frase.

Figura F – Exemplos de fichas e cartela para o jogo de sobrepor frases/palavras em um texto

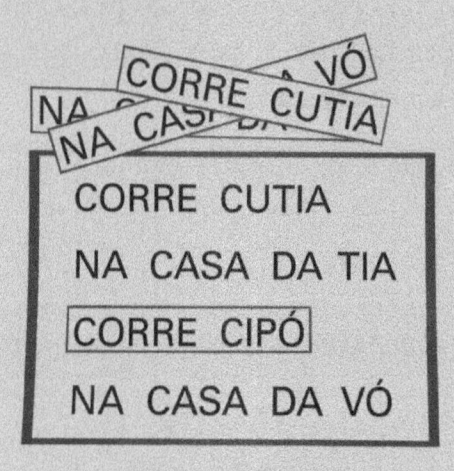

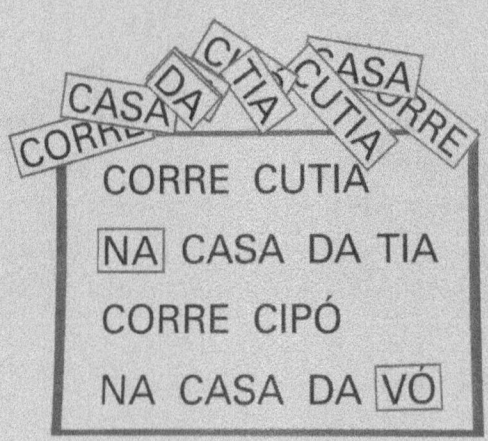

CORRE CUTIA
NA CASA DA TIA
CORRE CIPÓ
NA CASA DA VÓ

CORRE CUTIA
NA CASA DA TIA
CORRE CIPÓ
NA CASA DA VÓ

4.3 INTERVENÇÃO DO PROFESSOR NA APRENDIZAGEM DA ESCRITA

Para um bom andamento do processo de aquisição da escrita, o professor precisa realizar muitas intervenções orientado pela teoria da psicogênese.

Segundo Freire (2003), o professor deve considerar os seguintes aspectos:

- As hipóteses conceituais não são simples erros ou falta de conhecimento. Devemos considerá-las erros construtivos – parte do processo de transição para o conhecimento linguístico.
- As hipóteses não devem servir para categorizar as crianças, mas para o professor embasar um planejamento de atividades.
- A interação entre os alunos é um fator imprescindível para que ocorra a aprendizagem.
- O professor deve fazer intervenções significativas para que a criança se aproprie da escrita.

Alguns problemas também emergem quando as crianças se apropriam da escrita alfabética e, segundo Freire (2003), podemos classificá-los em:

- **transcrição fonética**: *kaza* (casa);
- **segmentação indevida**: *mimande* (me manda)/*tam bem* (também);
- **juntura vocabular**: *educasafizica* (educação física);
- **troca do ão pelo am**: *aviam* (avião)/*brincão* (brincam);
- **troca de til por m ou n**: *amaban* (amanhã), *maen* (mãe), *caminbaom* (caminhão);
- **supressão ou acréscimo de letras**: *infonmática* (informática)/*guado* (quando)/*gaia* (galinha);
- **troca de letras**: beigo/beijo;
- **escrita não segmentada**: GLEDMNDAIAA (Tradução: A menina ama gato de coração;
- **frases descontextualizadas e sem sequência lógica** (veja um exemplo a seguir):

> A GATA SE ASSUSTO
> O CACHORRO ABOU A MENINA
> Tradução: A gata se assustou. O cachorro achou a menina.

- **repetição de elementos de ligação** (veja um exemplo a seguir):

> EU BRIQUEI COM MEU PAI **DAÍ** FOMOS TOMAR SORVETE **DAÍ** PASSEAMOS NO PARQUE **DAÍ** CHEGAMOS EM CASA.

Para a situação de escrita, o professor deve intervir a fim de que os alunos superem essas dificuldades. Segundo Freire (2003), antes da produção de qualquer texto, deve-se fazer um momento preparatório e trabalhar com os modelos. O texto coletivo da turma ajuda muito na compreensão de algumas correções. Sempre que possível, o professor deve fazer a reescrita de uma produção observando os seguintes aspectos:

- título;
- erro ortográfico;
- segmentação indevida;
- juntura;
- pontuação;
- letra maiúscula;
- troca de letras;
- supressão de letras.

O professor sempre deve informar aos alunos o gênero textual que eles deverão produzir ou reescrever.

Em sala de aula

Observemos a escrita de uma carta. Nesta atividade, os alunos tinham de escrever para um colega (sorteado pelo professor) uma carta contando como foi o fim de semana.

SADADO ETSO E TOLOGICA E DI QUE QO MAMIGO, QOMI E PETINHO E BICA BERIO DE POIS FUI CASA DA MINHA VÓ ANA. FOTI PA CASA DI QUE UM POQUINHO E FU DU MI. NO MIQ FUI NA CASA DA MINHA VÓ NEUSA DEPOIS BIQUEI MINHA MÃE DE MASSINHA. E UM DEGO E UM ABASO.

Nessa carta encontramos erros ortográficos, segmentação indevida, supressão, falta de pontuação e falta de organização do gênero (data, para quem, de quem).

Quando os alunos chegaram à sala de aula, o professor trabalhou a reescrita individualmente. Vejamos uma das produções:

28/8/2017

OI. TUDO BEM, JOANA?
    NO SÁBADO FUI NA ESTAÇÃO ECOLÓGICA E BRINQUEI COM MEUS AMIGOS. COMI ESPETINHO, BRIGADEIRO E DEPOIS FUI NA CASA DA MINHA AVÓ ANA.
    VOLTEI PARA CASA E DESCANSEI UM POUQUINHO E FUI DORMIR.
    NO DOMINGO FUI NA CASA DA MINHA AVÓ NEUSA E DEPOIS BRINQUEI COM MINHA MÃE DE MASSINHA.
    UM BEIJO E UM ABRAÇO
    PAULO.

Nota: Nomes fictícios.

A reescrita permite mostrar aos alunos a estrutura do gênero que estão estudando. No caso da carta, a atenção está voltada ao nome do destinatário, à pontuação, à estrutura das frases e ao nome do remetente.

Como se dá a evolução da escrita: um exemplo

Vejamos a evolução da escrita de uma criança entre os meses de abril a junho.

Data	Escrita da criança	Palavra pretendida
12 de abril	I	boi
	OE	boné
	C	cama
	M	gata
	E	elefante
	GACAE	jacaré
	CANTA	caneta
3 de maio	MITICBA	Márcia
	(não escreveu)	ovo
	CM	Curitiba
	O	bolo
	M	mamão
	DODO	dado
	M	mão
	CN	semente
24 de maio	MA	mar
	AREIRA	areia
	LENE	leão
	PAPACANO	papagaio
	GATO	gato
	VACA	vaca
	CAVANO	cavalo
	A	ar
	NODO	foca

(continua)

(conclusão)

Data	Escrita da criança	Palavra pretendida
31 de maio	CANEDA	caneta
	DETE	dente
	PIJEMA	pijama
	CANILO	cama
	GAILO	gaiola
	BANENA	banana
	FEIJ	feijão
	N	mamão
	SANO	sapo
11 de junho	AVERE	árvore
	ELEFTE	elefante
	CASA	casa
	SOUL	sol
	MAMÕ	mamão
	PEG	peixe
	PATO	pato
	SAPO	sapo
	VACA	vaca
	ONIBOS	ônibus
21 de junho	PULGA	pulga
	BARATA	barata
	BIXOS	bichos
	BIOLHO	piolho
	PENILOGO	pernilongo
	MOSCA	mosca
	COELO	coelho
	ARANH	aranha
	PERECA	perereca
	NUCURI	sucuri

> Você percebe a evolução? Com um trabalho bem-dirigido, em dois meses o aluno já estava na fase alfabética. Inicialmente, escrevia somente a letra *m* para representar a palavra *mamão* e, depois, escreve *mamõ*. O professor conseguiu perceber que faltava pouco para a criança descobrir o som nasal *ão*. Para isso, o trabalho com rimas é muito importante em atividades simples e diárias: Exemplo: "Pão rima com? Melão, macarrão, sabão, João, balão, Sebastião, alemão, mão...".

4.4 A ESCRITA DO NOME PRÓPRIO

O nome próprio é trabalhado em sala de aula "como a primeira forma de escrita dotada de estabilidade, como o protótipo de toda a escrita posterior, cumprindo uma função muito especial na psicogênese" (Ferreiro; Teberosky, 1991, p. 215).

Para validar essa afirmação, Ferreiro e Teberosky (1991) citam Gelb, para quem a representação do nome já tinha significado desde as fases mais primitivas. No princípio, o sentido era produzido de maneira logográfica (desenhos que representavam a ideia), mas sempre houve uma representação adequada para a necessidade dos nomes. A fonetização surgiu para expressar palavras e sons que não podiam ser indicados com desenhos. Assim, o nome próprio parecia funcionar como a primeira forma estável dotada de significações (Ferreiro; Teberosky, 1991).

No nível de **escrita pré-silábica**, o nome próprio "se realiza segundo as características das outras escritas, com um número indefinido ou variável de grafismo de uma tentativa à outra" (Ferreiro; Teberosky, 1991, p. 218).

Passando para a **escrita silábica**, a criança "descobre a possibilidade de uma correspondência termo a termo entre cada letra e uma parte do seu nome completo" (Ferreiro; Teberosky, 1991, p. 218).

No nível da **escrita silábico-alfabética**, o aluno utiliza a hipótese "silábica aplicada ao seu nome" (Ferreiro; Teberosky, 1991, p. 219). A leitura tende a se limitar ao nome, com exclusão do sobrenome.

No nível **alfabético**, a leitura e a escrita do nome operam princípios alfabéticos. Exemplo:

Escrita do nome Thiago (4 anos)	
5 de fevereiro	THAGOTTHIAGO
6 de março	THIAGOIOUG
17 de março	TITHIAGO
31 de março	THITTTHIAGO
7 de abril	THIAGO

Atividades para trabalhar com o nome dos alunos

Propomos, a seguir, algumas atividades que permitem trabalhar com o nome das crianças.

- **Identificando o próprio nome** – Coloque todas as fichas com o nome das crianças em uma caixa. Ao chegar, o estudante pega seu nome e o coloca em outra caixa (dos alunos presentes). Confira o nome dos ausentes, lendo as fichas que sobraram.

- **Descobrindo a ordem dos nomes** – Escreva o nome de vários alunos na lousa. Leia os nomes em voz alta, seguindo uma ordem, e depois pergunte: "Qual foi o nome que eu disse primeiro?". Solicite ao aluno que venha à lousa e apague o nome que foi dito.
- **Rima** – Incentive os alunos em uma brincadeira com rimas. Por exemplo: "Quando eu disser *Beatriz*, vocês podem falar *feliz, atriz, bis* etc.".
- **Desafio dos nomes** – Divida a turma em dois grupos. Entregue ao grupo A cartões com os nomes dos alunos do grupo B e vice-versa. Os alunos do grupo B dirão um nome do cartão que se encontra com o grupo A. Por exemplo, *Samuel*. As crianças darão dicas como "começa com a letra do nome da Simone". Quando descobrirem, deverão confirmar com o dono do nome e um deles escreverá na lousa. Acertando, a equipe ganha um ponto.
- **Descubra o que falta** – Escreva seu nome na lousa várias vezes, faltando sempre uma das letras. Por exemplo: MARIANA, MARI NA, ARIANA MA IANA. Dirija-se aos alunos dizendo: "Este é o meu nome. Eu escrevi várias vezes. Na primeira está escrito inteiro. Nas outras vezes, falta sempre uma letra. Vamos descobrir quais letras estão faltando?". Aponte linha por linha e analise com os alunos qual letra está ausente em cada uma delas.

- **Procure seu nome** – Escreva, em cartões, o nome das crianças de diversas maneiras. Exemplo:

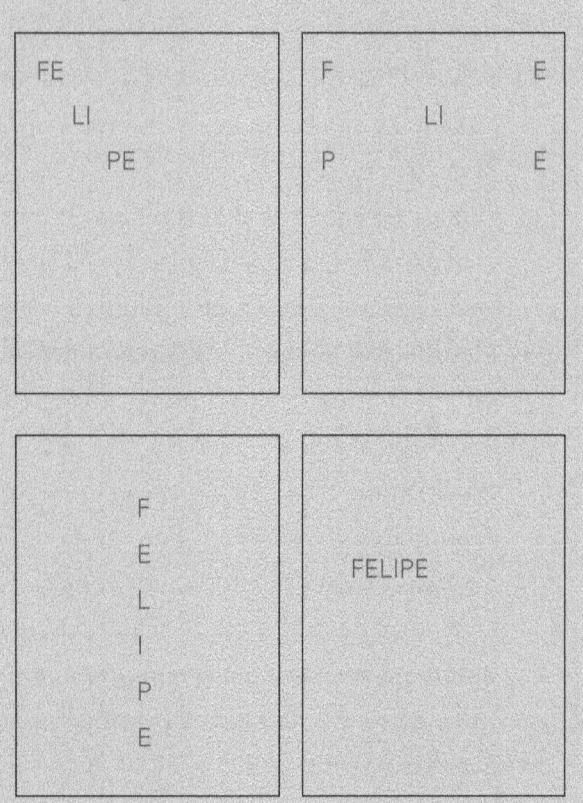

```
FE              F       E
  LI                LI
    PE          P       E
```

```
  F
  E
  L             FELIPE
  I
  P
  E
```

Coloque todos os cartões em uma caixa. As crianças devem procurar todos os que têm seu nome.
- **Bingo de letras** – Solicite que cada criança marque em seu cartão as letras que forem sorteadas por você, que terá em um pacote todas as letras do alfabeto.

SÍNTESE

Neste capítulo, aprendemos mais sobre a psicogênese da língua escrita de Emilia Ferreiro e Ana Teberosky, que contribuíram para a compreensão da apropriação da escrita. Demonstramos que, na escrita pré-silábica, a representação se dá por meio de grafismos (linhas onduladas em zigue-zague), avançando para a escrita silábica, em que a criança utiliza formas gráficas convencionais (letras), inicialmente sem fazer diferenciações entre as palavras. Mais tarde, as diferenças são a quantidade de letras por palavra, a ordem e a variação das letras. Na escrita silábico-alfabética, período de transição entre a escrita silábica e a escrita alfabética, a criança descobre que a sílaba é composta de elementos menores, até, por fim, chegar à escrita alfabética, em que é estabelecida a relação letra-fonema. A criança escreve como pronuncia a palavra. São encontrados problemas ortográficos, já que determinado som nem sempre é representado pela mesma letra, além de uma letra poder apresentar, dependendo do contexto, valores sonoros diferentes. Segundo Ferreiro (2011), é irrelevante discutir se na realidade há em sala de aula dois pré-silábicos ou três silábicos, por exemplo. O importante é compreender as construções que estão por trás das classificações.

INDICAÇÕES CULTURAIS

Vídeo

EMILIA Ferreiro. 16 nov. 2009. Disponível em: <https://www.youtube.com/watch?v=ImQa0t_qVm4>. Acesso em: 24 jun. 2019.

Em outubro de 2006, a psicolinguista argentina Emilia Ferreiro esteve no Brasil e participou da 1ª Semana da Educação, organizada pela Fundação Victor Civita. No trecho da palestra exposto no vídeo, Ferreiro fala sobre polêmicas improdutivas criadas entre alfabetização e letramento ou entre construtivismo e método fônico.

Livro

FERREIRO, E.; TEBEROSKY, A. **Psicogênese da língua escrita**. 4. ed. Porto Alegre: Artes Médicas, 1991.

Nessa obra, as autoras utilizam a psicolinguística contemporânea e a teoria de Jean Piaget a fim de demonstrar como a criança constrói diferentes hipóteses acerca do sistema de escrita, antes de compreender as hipóteses de base do sistema alfabético.

ATIVIDADES DE AUTOAVALIAÇÃO

1. De acordo com a psicogênese da língua escrita, é correto afirmar que:

    I. Precisamos compreender como a criança aprende e compreende o mundo que a rodeia.

    II. Para aprender a língua escrita, não é necessário haver interação com o meio nem com o objeto.

    III. É necessário fazer uma transposição didática apropriada da abordagem da psicogênese da língua escrita para a sala de aula.

    IV. As crianças aprendem primeiro as vogais, e depois as consoantes.

    V. As crianças aprendem a língua escrita pela mera apropriação de um código de sílabas.

Assinale a alternativa que indica as afirmativas corretas:

a) I e II.
b) II e III.
c) I e IV.
d) I e III.
e) VI e V.

2. Relacione o nível de escrita a uma possível hipótese de uma criança para a escrita da palavra *macaco*:

I. Pré-silábica
II. Silábica
III. Silábico-alfabética
IV. Alfabética

( ) MKK
( ) MAKCO
( ) AAO
( ) MACACO
( ) SMLOU

Assinale a alternativa correspondente à sequência correta de preenchimento dos parênteses:

a) II, III, I, IV, II.
b) I, II, III, IV, II.
c) II, IV, III, I, I.
d) I, III, II, IV, IV.
e) II, III, II, IV, I.

3. Na educação infantil, a criança ainda não compreende o sistema alfabético e transita por algumas hipóteses que são representadas e elaboradas por meio de:
   a) realismo nominal e letras aleatórias.
   b) marcas gráficas figurativas e não figurativas.
   c) fonetização da escrita.
   d) representação icônica, representação não icônica, letras aleatórias e realismo nominal.
   e) representação icônica, letras aleatórias e fonetização da escrita.

4. Indique se as afirmações a seguir sobre a psicogênese da língua escrita são verdadeiras (V) ou falsas (F):
   ( ) Toda construção implica uma reconstrução e esse processo acontece em virtude das interpretações que as crianças fazem de suas produções.
   ( ) Não é preciso conhecer totalmente as condições de produção, somente a interpretação dada pela criança.
   ( ) Na psicogênese da língua escrita, o que interessa é a lógica dos erros que surgem durante a construção da escrita.
   ( ) No processo de construção e reconstrução, é preciso reconstruir o saber para aplicá-lo; a reconstrução é um saber construído.
   ( ) Nas produções espontâneas, as crianças constroem as próprias ações e aprendem construindo seu pensamento.

Assinale a alternativa correspondente à sequência correta de preenchimento dos parênteses:

a) V, V, V, V, V.
b) F, V, F, F, F.
c) V, F, V, V, V.
d) F, F, V, V, F.
e) F, V, F, V, F.

5. Com relação à escrita do próprio nome pela criança, deve-se considerar que:
   a) deveria ser trabalhada somente depois de ela ter domínio das vogais e das consoantes.
   b) a criança precisa estar na escrita alfabética para aprender a escrever.
   c) é a primeira forma de escrita dotada de estabilidade com significação para a criança.
   d) não podemos apresentar o nome da criança antes do nível da escrita silábica.
   e) a criança precisa aprender outras escritas para depois escrever seu nome.

ATIVIDADES DE APRENDIZAGEM

Questões para reflexão

1. Reflita sobre a afirmativa: "A reescrita é muito importante no processo de aquisição da leitura e da escrita. É preciso conhecer as condições de produção da criança e como se dá o processo, principalmente a interpretação dada por ela". Você concorda com essa afirmação? Justifique.

2. Na reescrita do texto não é dada ênfase ao erro, porém há uma lógica do erro. Não há ideias erradas, mas conflitos que geram a evolução dessa escrita. Conforme Ferreiro, é um processo de construção e reconstrução. Discorra sobre o processo de reconstrução do texto.

Atividade aplicada: prática

1. Pesquise a escrita de crianças entre 3 e 7 anos. Você precisa de papel e lápis para que elas registrem as palavras que você ditar: *cachorro, formiga, boi, cavalo, leão, camelo, macaco* ou outras à escolha. Depois, faça uma análise com base no que estudou neste capítulo.

5
AQUISIÇÃO E APRENDIZAGEM DA LEITURA

Para você, o que é ler? Podemos considerar que ler é um processo complexo, iniciado antes dos primeiros anos escolares e que se desenvolve nos anos posteriores, até o leitor se tornar competente. Para desenvolver essa competência, executando-a com autonomia, o leitor precisa compreender o que lê, interpretando textos de diferentes complexidades e atribuindo sentido a eles.

Compreender como se dá a aquisição da leitura amplia o entendimento sobre várias etapas do desenvolvimento da aprendizagem. Entendendo o processo, o professor tem condições de buscar estratégias para solucionar os problemas que envolvem a leitura.

Ler não é somente decifrar letras, sílabas e palavras. É questionar a forma da mensagem em uma situação da vida real. Neste capítulo, aprofundaremos conceitos teóricos e práticos sobre o tema.

5.1 CONCEPÇÕES DE LEITURA

Iniciamos esta seção com a citação de Solé (1998, p. 22), para quem "a leitura é um processo de interação entre o leitor e o texto". Envolve um leitor ativo, que processa e examina o texto, e também um objetivo, pois sempre lemos algo com determinada finalidade.

Por meio da leitura, compreendemos a linguagem escrita. Para ler, "necessitamos, simultaneamente, manejar com destreza as habilidades de decodificação e aportar ao texto nossos objetivos, ideias e experiências prévias" (Solé, 1998, p. 23).

A criança compreende o sistema alfabético na prática de leitura, que tem início antes de ela frequentar a escola.

A escrita ultrapassa os limites da sala de aula; está no dia a dia de todas as etapas da vida e atinge a todos. Desde cedo as crianças reconhecem e distinguem palavras de figuras ao abrir um livro. Vejamos isso no exemplo a seguir:

> Aqui. (criança de 3 anos mostra o livro)
> Era uma.
> Era uma vez uma sereia aqui, olha.
> Ela é muito (pausa) pegou uma bolinha.
> Olha, pegou a bolinha.
> Ela pegou uma borboleta.
> Uma lagartixa pegou uma borboleta.
> Pegou uma borboleta.
> Olha.
> É uma flores.
> Duas flores.
> Uauuu.
> Olha, é um namate. (aponta para banheira)
> Não, é uma poça gigante.
> Viu? E tá na hora de dormir.
> E fim.

As crianças começam a ler antes mesmo da alfabetização. Elas folheiam livros e fazem de conta que estão lendo. Os desenhos comunicam com facilidade e a escrita é adquirida com o tempo. Ensinar a ler é dar condições para que a criança resolva problemas que a permitam avançar como consumidora e produtora de textos.

A leitura, conforme observa Cagliari (2010, p. 149), é uma "atividade complexa e envolve problemas semânticos, culturais, ideológicos, filosóficos, mas até fonéticos [...] é um processo de descoberta, como a busca do saber científico. Outras vezes requer trabalho paciente, perseverante, desafiador". O leitor precisa decifrar as intenções do autor para adquirir a compreensão do texto, pois o mesmo texto pode ser interpretado de maneira diferente pelas pessoas, conforme o ponto de vista.

A leitura é uma forma de processamento de informação. Aprender a ler é buscar o domínio desse processo. Ler é "transformar representações gráficas da linguagem em representações mentais da sua forma sonora e do seu significado. É poder apreender seu sentido" (Morais; Leite; Kolinsky, 2013, p. 17).

A leitura requer dois componentes do processamento. Um deles é a "habilidade específica de identificação das palavras escritas" (Morais; Leite; Kolinsky, 2013, p. 17). *Específica* porque, na aquisição do conhecimento, os circuitos cerebrais que a sustentam são criados durante a aprendizagem da leitura (Morais; Leite; Kolinsky, 2013). O outro componente envolve aspectos como "atenção, memória de trabalho, conhecimento lexical e da gramática da língua, conhecimento semântico e enciclopédico, raciocínio, capacidade de análise e de síntese, tudo o que também é mobilizado no processamento da informação veiculada pela fala" (Morais; Leite; Kolinsky, 2013, p. 17).

Sendo assim, as "origens da dificuldade de compreensão na leitura de um texto só podem estar em um déficit da habilidade de identificação da pronúncia e do significado das palavras escritas e/ou das capacidades linguísticas e cognitivas necessárias para compreender a linguagem oral" (Morais; Leite; Kolinsky, 2013, p. 18).

No início, o "nível de leitura é determinado essencialmente pelo nível da habilidade de identificação das palavras escritas" (Morais; Leite; Kolinsky, 2013, p. 18). Isso é válido para leitores iniciantes. À medida que o leitor toma contato com os diferentes materiais de leitura, torna-se capaz de identificar correta e mais rapidamente as palavras. Assim, passa a ler com mais qualidade e eficiência.

Quando a identificação das palavras é feita de maneira automática e rápida, a habilidade de identificação das palavras torna o leitor hábil na compreensão do texto. Enfim, o que "diferencia os leitores que atingem o estágio final da habilidade específica são as capacidades cognitivas, os conhecimentos e as estratégias de processamento de informação quando utilizam a leitura" (Morais; Leite; Kolinsky, 2013, p. 18).

Conforme Cagliari (2010, p. 150), a leitura é uma decifração e uma decodificação. O leitor precisa decifrar a escrita para entender a linguagem encontrada. Em seguida, "decodificar todas as implicações que o texto tem e, finalmente, refletir sobre isso e formar o seu próprio conhecimento e opinião a respeito do que leu" (Cagliari, 2010, p. 150).

Para Ehri (2013), quando as pessoas leem um texto, suas mentes se enchem de ideias. A autora propõe algumas maneiras de ler as palavras:

- **Decodificação** – Demanda conhecimento das relações grafema-fonema para identificar o som correspondente de cada letra, aglutinando-os em pronúncias que formam palavras reconhecíveis. Também requer conhecimento de padrões ortográficos maiores (sílabas ou morfemas), aglutinando essas unidades para gerar pronúncias.

- **Analogia** – Envolve o uso de partes de palavras conhecidas para ler vocábulos desconhecidos, quando apresentam o mesmo padrão ortográfico.
- **Predição** – Uso da informação contextual e de uma ou mais letras para inferir a identificação das palavras.
- **Reconhecimento automático** – Processo no qual a visão da palavra ativa a pronúncia e seu signo na memória.

A leitura deve ser praticada para se adquirir esse conhecimento. Segundo Morais, Leite e Kolinsky (2013), para que isso aconteça, devemos auxiliar a criança nos seguintes processos:

- **Descoberta do princípio alfabético** – Aprender a ler implica conhecer um sistema de representação da linguagem que é estruturada por fonemas e é chamado *alfabético*. De acordo com os autores, "o alfabeto representa fonemas, que não são sons, mas entidades abstratas de que a criança não está consciente e de que ela tem de tomar consciência quando aprende a ler uma escrita alfabética". Assim, primeiro a criança precisa descobrir o princípio alfabético e a correspondência de fonemas e grafemas. A descoberta exige uma análise na identificação das letras e uma comparação das sílabas faladas e escritas (Morais; Leite; Kolinsky, 2013, p. 22).

- **Aquisição do conhecimento do código ortográfico da língua e o domínio do processo de decodificação** – O código ortográfico da língua é um conjunto de regras simples e complexas. Estas últimas "resultam do fato de que, dependendo da posição e do contexto, a mesma letra pode corresponder a diferentes fonemas e diferentes letras ao mesmo fonema". No fim do primeiro ano escolar, a "decodificação deveria permitir ler quase todas as palavras e no segundo ano ela deveria ser suficientemente eficiente para permitir a leitura com certa fluência sem, no caso dos textos, afetar a sua compreensão" (Morais; Leite; Kolinsky, 2013, p. 23).
- **Construção do léxico mental ortográfico** – O léxico é o "conjunto das representações mentais estruturadas da ortografia das palavras que conhecemos da língua e que armazenamos, de maneira organizada, no nosso cérebro" (Morais; Leite; Kolinsky, 2013, p. 23). É a representação que faz parte de uma "forma específica de memória de longo prazo, é acessada automaticamente e sem consciência das operações que levam à identificação das palavras". É a maneira como lemos. A partir do terceiro ano do ensino fundamental, o léxico ortográfico torna-se um mecanismo dominante de leitura, em que algumas palavras curtas e frequentes já são lidas (Morais; Leite; Kolinsky, 2013).

Para incentivar uma boa leitura, o professor precisa desenvolver a habilidade da decodificação com estratégias que levam a essa compreensão.

5.1.1 TIPOS DE LEITURA

Segundo Cagliari (2010), uma leitura pode ser ouvida, vista ou falada. A **leitura oral** é feita não somente por quem lê, mas pode ser dirigida a outras pessoas, que também "leem" o texto ouvido. Ouvir histórias é uma forma de ler. Quando os adultos se dedicam a fazer isso para as crianças, contribuem com o desenvolvimento dos pequenos.

A diferença entre falar e ler é que "a fala é produzida espontaneamente, ao passo que a leitura é baseada num texto escrito que tem características próprias diferentes da fala espontânea" (Cagliari, 2010, p. 155).

O tipo mais comum entre as pessoas é a **leitura visual silenciosa** (Cagliari, 2010, p. 156). Essa leitura apresenta vantagens em relação a outros tipos de leitura, pois proporciona uma velocidade de leitura maior, podendo o leitor parar onde quiser e "recuperar passagens já lidas, o que a leitura oral de um texto não costuma permitir" (Cagliari, 2010, p. 156). Assim, a leitura silenciosa favorece a reflexão sobre o que foi lido.

A imagem e as letras sempre estiveram juntas. Cada uma tem características próprias, com vantagens e desvantagens. A escrita sem imagem permite que o leitor imagine e crie. As imagens, por sua vez, demonstram emoções que se expressam de modo diferente pelas palavras (Cagliari, 2010). O ideal é manter a experiência de um e de outro.

5.2 A LEITURA NA ESCOLA

Cagliari (2010, p. 168) observa que aprender a ler é mais fácil que aprender a escrever. Ele ressalta: "uma criança pode começar ouvindo histórias, aprendendo a decifrar os sons das letras em diversos contextos". As crianças conhecem de cor músicas, provérbios, quadrinhas e diversos outros gêneros.

Normalmente, as crianças dizem que vão à escola para aprender a ler e a escrever. A escola é o lugar que introduz a criança no mundo da escrita e que incentiva essa prática.

Durante muito tempo, a alfabetização esteve associada a apenas duas habilidades conjuntas: (1) saber ler e escrever o próprio nome; e (2) codificar e decodificar palavras simples. Com o surgimento dos estudos sobre o letramento, começaram a ser realizadas pesquisas sobre o impacto social da escrita (Kleiman, 1995). Passou-se a valorizar as práticas de escrita nas quais o aprendiz organiza seu pensamento real e desenvolve sua consciência crítica. No contexto atual, a tecnologia também está presente e o letramento surge correlacionado às práticas sociais e culturais dos diversos grupos que usam a escrita.

A criança tem contato com a escrita e, com o tempo, percebe que ela quer dizer algo e, para isso, precisa ler. Ao aprender esses primeiros segredos da leitura, as crianças ficam ávidas por ler (Cagliari, 2010). Para que as crianças não percam esse interesse pela leitura, a escola deve definir claramente o que é esse fenômeno, qual papel ocupa no projeto curricular e quais são os meios para favorecê-lo naturalmente nas propostas metodológicas (Solé, 1998).

> Desde muito cedo, a criança pode ser inserida no mundo da leitura, participando de diferentes práticas sociais. Certa vez, por exemplo, quando brincava com uma criança de 4 anos e 10 meses, perguntei quais seriam as regras de um jogo com o qual ela desejava brincar: o Tapa Certo. Ela, então, pegou a caixa, fazendo de conta que estava lendo as regras e explicou: "Primeiro colocamos as fichas redondas na mesa viradas para baixo, depois as quadradas ficam empilhadas. Escolhe a cor da mãozinha. Eu pego uma carta e temos que procurar nos círculos a figura igual. Daí ganha quem bater na carta primeiro".

Na escola, o processo da leitura começa no período de alfabetização, no qual as crianças aprendem a ler e a escrever, mas esse procedimento vai além das técnicas de transposição da linguagem oral para a escrita. Aprender a ler pressupõe o aumento do domínio da linguagem oral e da consciência metalinguística, repercutindo diretamente nos processos cognitivos (Solé, 1998).

A maneira como a escrita costuma introduzir os alunos na leitura por meio das famílias silábicas, segundo Cagliari (2010), pode acarretar problemas sérios na formação do leitor. Esse processo faz parte da decifração, e não da leitura propriamente dita. Podemos considerar que é uma fase inicial do processo. Se a escola insistir nessa estratégia, o aluno pode se tornar um leitor que lê silabando.

Para levar a criança a ler, o professor não precisa ensinar todas as palavras. Deve, principalmente, levá-la a refletir sobre os métodos de leitura e o conteúdo do texto. Dar um tempo à criança é importante para ela poder processar as etapas da fala ao ler, principalmente em voz alta. Ela precisa processar o ritmo e a entonação: afinal, os aspectos fonéticos são programados, no mínimo, no nível dos grupos tonais.

A leitura na escola deve variar de acordo com o texto. Conforme Cagliari (2010), não se lê poesia como se lê uma narrativa ou uma receita. A reflexão que o primeiro tipo exige é diferente das outras. As crianças precisam perceber como proceder em cada caso, e o professor precisa levar essas informações para a sala de aula para que elas possam aprender.

Segundo Souza, Leite e Albuquerque (2006), uma criança compreende quando o adulto diz: "Olha o que a fada do dente deixou pra você!". Em situações como essa, a criança faz uma relação com o texto escrito, como em um conto de fadas. Assim, ela participa do mundo letrado e aprende pela prática discursiva letrada. A oralidade dela começa a apresentar características da oralidade letrada, pois adquire essas práticas nas atividades orais.

O professor precisa, em sua prática, promover o letramento em sala de aula e fazer o "novo". Assim, seu papel é, conforme Peixoto, Silva e Ferreira (citados por Souza, Leite e Albuquerque, 2006, p. 31-32):

- investigar práticas sociais do cotidiano;
- planejar ações visando dar significado à linguagem escrita;
- desenvolver, com a leitura, a interpretação e a produção de diferentes gêneros textuais;
- incentivar os alunos a praticar a escrita socialmente;

- avaliar os alunos de forma individualizada, levando em conta o desenvolvimento de cada um;
- desenvolver uma metodologia avaliativa com sensibilidade, respeitando a variedade de discursos e linguagens;
- abandonar métodos de aprendizagem repetitivos e dar importância ao letramento.

Cabe ao professor planejar atividades que incentivem o desenvolvimento da competência da leitura. Conforme Cagliari (2010, p. 173), "a leitura deveria ser a maior herança legada pela escola aos alunos, pois ela, e não a escrita, será a fonte perene de educação com ou sem escola".

5.2.1 PLANEJAMENTO NO ENSINO DA LEITURA

Planejar é uma tarefa quase diária do educador. Considerando sua rotina, o professor tem de otimizar o tempo e aproveitar todas as atividades com as crianças.

Para bem utilizar o tempo em sala de aula, o professor tem de planejar uma "boa rotina de trabalho, com estratégias eficazes de registro de situações bem-sucedidas, armazenamento de recursos didáticos, classificação dos planejamentos de aula" (Leal; Melo, 2006, p. 40). Sem o planejamento, o trabalho fica repetitivo e vazio, pois a chance de falhar é maior quando o educador age sem um trabalho prévio de organização do tempo e do espaço.

Em algumas situações, é preciso improvisar, o que não é necessariamente ruim. Às vezes, um aluno questiona algo que não está no planejamento, obrigando o professor a esclarecer suas dúvidas e modificar o plano de aula. Para não deixá-lo sem explicação, é interessante tomar outro modelo de referência.

Segundo Leal e Melo (2006, p. 41), é importante planejar o ensino da leitura seguindo a concepção interacionista, porque "ler é uma atividade social e, portanto, as estratégias cognitivas são adequadas aos propósitos de leitura e às finalidades que orientam nossa ação de ler". O planejamento permite registrar situações didáticas que auxiliem os alunos no desenvolvimento de estratégias diversificadas.

Vejamos algumas finalidades da leitura, conforme propõem Leal e Melo (2006), e exemplos de atividades que permitem à criança desenvolver uma reflexão sobre a importância da leitura:

- **Ler para se divertir, relaxar e apreciar** – Ler por prazer e ler o que gosta, não somente o que a escola solicita.
- **Ler para receber mensagens de outras pessoas** – Ler é comunicar. Fazemos isso quando recebemos *e-mails*, convites, recados, anúncios e propagandas que nos trazem uma mensagem.
- **Ler para orientar-se sobre como realizar atividades diversas** – Procurar orientações sobre como fazer uma receita, como jogar um jogo etc.
- **Ler para informar-se** – Para conhecer os acontecimentos da vida.
- **Ler para escrever** – Aprender a escrever é diferente de copiar; portanto, o professor deve auxiliar os alunos em sua autoria.

- **Ler para aprender a ler** – Na escola, as finalidades de leitura devem ser diversificadas para que os alunos desenvolvam cada vez mais a capacidade leitora.

Nesse sentido, "Ensinar a ler é uma ação inclusiva, pois possibilita ao indivíduo ter acesso a diferentes informações e participar de eventos de letramento que ampliem sua participação na sociedade" (Leal; Melo, 2006, p. 42). Isso permite ao aluno inserir-se em novas situações em uma sociedade letrada na qual a linguagem escrita é muito utilizada.

5.3 ESTRATÉGIAS DE LEITURA

Vamos refletir sobre as estratégias de leitura para que o ensino e a aprendizagem se tornem mais fáceis e produtivos.

5.3.1 ANTES DA LEITURA

As crianças precisam estar motivadas para a leitura. A primeira e fundamental condição é achar interessante o material que têm em mãos. É importante que o professor ofereça aos alunos textos conhecidos e não conhecidos, ajustando-os à temática ou ao conteúdo que está sendo trabalhado.

É preciso criar situações que motivem os alunos para uma leitura em que eles leem para se libertar e sentir o prazer de ler. As crianças buscam leituras que lhes agradem. São comuns situações em que, na biblioteca, as crianças buscam livros sobre um interesse particular, como carros, dinossauros, princesas, natureza, ciência etc.

Assim, os objetivos de leitura determinam a forma como um leitor se situa e controla a construção do seu objetivo, isto é, a compreensão do texto.

As crianças exercitam a leitura em diferentes situações e momentos. Conforme Solé (1998), lê-se com os seguintes objetivos:

- **Para obter certa informação** – O leitor busca alguma informação ou algum dado que lhe interessa. Esses textos podem ser variados, desde uma informação em um jornal até a busca de uma página na internet.
- **Para seguir instruções** – Remete a fazer algo concreto, como ler uma receita de bolo, as regras de um jogo ou o funcionamento de algum aparelho. O foco dessa leitura é o "como fazer". O leitor escolhe se quer ler ou não.
- **Para obter uma informação de caráter geral** – Conforme Solé (1998, p. 94), "é a leitura que fazemos quando queremos 'saber do que se trata' um texto, 'saber o que acontece', ver se interessa continuar lendo".
- **Para aprender** – Refere-se à leitura que permite ampliar nossos conhecimentos. Quando lemos para estudar, elaboramos resumos ou esquemas para anotar o que foi lido e esclarecer nossas dúvidas.
- **Para revisar um escrito próprio** – Acontece quando lemos nossa própria produção para corrigirmos erros. Quando lemos o que escrevemos, experimentamos o lugar do leitor e fazemos uma leitura crítica. Esse

componente metacompreensivo torna o texto mais evidente. Na escola, trabalhamos a reescrita com os alunos como uma estratégia de produção.

- **Por prazer** – Essa leitura é pessoal, pelo prazer de ler.
- **Para comunicar um texto a um auditório** – É o tipo de leitura própria de grupos de atividades específicas (ler um discurso, uma conferência, uma poesia ou uma apresentação, por exemplo).
- **Para praticar a leitura em voz alta** – A verbalização do texto pretende dar clareza, rapidez, fluência e correção à leitura dos alunos. Eles devem pronunciar adequadamente as palavras, respeitando as normas de pontuação e entonação.
- **Para verificar o que se compreendeu** – Consiste em dar conta da "compreensão total ou parcial do texto lido [...], respondendo a perguntas sobre o texto ou recapitulando-o por meio de alguma técnica" (Solé, 1998, p. 99).

Segundo Solé (1998), outra estratégia para incentivar a leitura é ativar os conhecimentos prévios dos alunos, verificando, antes da leitura, o que eles já sabem sobre o livro, o tema e o assunto. De acordo com a autora, estabelecer previsões sobre o texto é um processo "contínuo de formulação e verificação de hipóteses e previsões sobre o que sucede no texto" (Solé, 1998, p. 107). Assim, podemos fazer perguntas com base na capa, no título e nas ilustrações.

A autora alerta que precisamos promover as perguntas dos alunos sobre o texto lido não somente para "responder perguntas feitas, mas para interrogar e autointerrogar". Os alunos precisam ser orientados para que "formulem perguntas pertinentes sobre o texto". Assim, eles utilizam os conhecimentos prévios sobre o tema, inferindo com perguntas que podem se "ajustar na intervenção à situação" (Solé, 1998, p. 110-111).

5.3.2 DURANTE A LEITURA

De acordo com Solé (1998, p. 115), no processo de leitura ocorre a "verificação de previsões que levam à construção da compreensão do texto". Essa compreensão envolve a capacidade de elaborar um resumo para produzir o significado essencial da mensagem.

Outras características do texto são a estrutura, o tipo, a organização, os títulos e ilustrações, os quais permitem elaborar hipóteses e previsões. Essas antecipações devem ser compatíveis com a obra. Quando identificadas pelo leitor, integram-se ao conhecimento sobre o material e propiciam a compreensão deste.

Ler é uma ação que realizamos por meio da **exercitação compreensiva**. Segundo Solé (1998, p. 118), "selecionar marcas e indicadores, formular hipóteses, verificá-las e construir interpretações é importante para atingir os objetivos de leitura".

O professor pode, com os alunos, formular previsões sobre o texto a ser lido e fazer perguntas ao fim da atividade, envolvendo todos na tarefa. Ainda, o docente pode pedir aos alunos que façam um resumo, apontem dúvidas e apresentem explicações.

Outra estratégia é a leitura independente, que os alunos realizam individualmente em sala de aula, na biblioteca escolar ou mesmo em casa. Eles devem utilizar as estratégias que lhes estão sendo ensinadas para aprimorar o prazer da leitura (Solé, 1998). Esse é um trabalho autônomo. O professor pode conduzir partes da interpretação com perguntas como: "O que você acha que acontecerá agora?", "Por quê?" ou "Anote as previsões em um papel".

E quando os alunos não compreendem o texto, como proceder? Consideraremos um aluno com problemas de compreensão, ou mesmo com dificuldade de identificar os elementos. Ao propor que o aluno leia em voz alta, o professor poderá observar dois sinais: (1) o reconhecimento e a pronúncia das palavras (decodificação); e (2) o uso de pausas por problemas de decodificação. Os alunos que leem silabicamente muitas vezes apresentam essa dificuldade, pois se preocupam em verbalizar o que está escrito em vez de construir o significado.

Não se deve interromper a leitura. A melhor abordagem é organizar perguntas que revelem o nível de compreensão, sugerindo, então, reler o texto quantas vezes for necessário. Ensinar a ler exige que o professor faça um diagnóstico da compreensão do aluno e sugira ações para superar as dificuldades (Solé, 1998).

5.3.3 DEPOIS DA LEITURA

Encerrada a prática, o professor pode construir uma atividade cognitiva para a verificação do que foi compreendido. Inicialmente, é necessário considerar a ideia principal da obra, ou seja, o tema do qual trata. É uma informação compartilhável entre os leitores, cuja capacidade de detecção deve ser desenvolvida entre os alunos para que possam avançar para os demais objetivos da atividade de leitura (Solé, 1998). Explicar a ideia central demanda encontrá-la, recordá-la e atualizar os conhecimentos prévios relevantes.

A discussão em classe é decorrente de uma elaboração pessoal. O aluno pode se embasar em um resumo feito por ele, usando as estratégias de identificação do tema e da ideia principal.

No início da alfabetização, esse resumo pode ser feito coletivamente, para que os alunos se ajudem a encontrar o caminho. O professor pode orientar os estudantes a deixar de lado a informação repetida, a determinar como se agrupam as ideias no parágrafo, a perceber como cada trecho se relaciona com o todo, e a formular uma frase que resuma o parágrafo (ou elaborá-la coletivamente com a turma) (Solé, 1998).

Outra estratégia pós-leitura muito utilizada é a formulação de perguntas. Os alunos precisam aprender a refletir sobre as afirmações da obra e ter a oportunidade de questioná-la.

As principais ações pré, durante e pós leitura servem à elaboração de um resumo, à identificação das ideias principais e à solução das dúvidas e questionamentos. O papel do professor é facilitar a compreensão dos alunos durante e após o exercício, proporcionando a melhora contínua da leitura até a independência completa.

5.3.4 EXEMPLOS DE ESTRATÉGIAS TRABALHADAS EM LITERATURA INFANTIL

PROJETO 1

- Livro de referência

SILVA, N. R. da. **A colcha de retalhos**. Rio de Janeiro: Ed. do Brasil, 2010.

O livro conta a história de Felipe, um menino que gosta muito de visitar sua avó. Certa vez, enquanto a vovó costurava uma colcha com retalhos coloridos, eles foram lembrando momentos alegres e tristes que tinham acontecido. Nesse dia, Felipe descobre o que significa a palavra *saudade*.

- Procedimentos metodológicos

Leitura do livro pelos alunos de forma autônoma e mediada pelo professor, destacando as habilidades leitoras que se quer desenvolver.

- Antes da leitura

Essa etapa envolve a análise exploratória, a inspeção do material e a definição dos objetivos da leitura. Resgate os conhecimentos prévios dos alunos sobre o tema e o livro. Pergunte o que esperam encontrar na obra, com base na percepção das imagens, da capa, da quarta capa, do título, do nome do autor, do ilustrador e da editora, da formatação dos textos etc.

Durante a leitura

Oriente os alunos a verificarem se o conteúdo correspondeu às previsões e expectativas. Auxilie as crianças a identificarem o tema, as palavras-chave e a ideia principal, construindo o sentido da história e apreciando esteticamente a narrativa.

Depois da leitura

Os alunos precisam compreender e interpretar a história por meio de pistas que apontem para o significado. Eles podem compartilhar impressões, descobertas, questionamentos, associações com vivências do cotidiano e avaliações críticas.

Algumas sugestões:

- **Guardando as histórias da vovó** – Os alunos fazem o papel de repórter e devem entrevistar a avó sobre a infância dela, como eram seus pais, os brinquedos e os jogos, como a família passava as férias, como era a escola de modo geral e como era a vida naqueles dias.
- **Resgatando fotos** – Solicite aos alunos uma foto com a avó. Eles deverão contar aos colegas o que lembram do contexto em que a foto foi tirada. Podem registrar a situação por meio de desenhos ou em pedaços de juta. Também é possível solicitar fotos de quando a avó era bebê, criança, adolescente e adulta para fazer uma linha do tempo.
- **Costura** – Confeccione uma colcha de retalhos da turma. Cada aluno deve contribuir com um pedaço de retalho. Cada um conta a história da sua vida ou uma história de sua família.

- **Culinária** – Peça que os alunos compartilhem com a turma receitas feitas pelas avós das crianças.
- **Caderno de receitas** – Com as receitas que cada aluno trouxe, monte um livro de culinária da turma.
- **Memórias da vovó (museu)** – Crie um espaço chamado *Memórias das nossas avós*, tomando emprestados objetos, fotografias e roupas devidamente datados e catalogados para uma exposição.
- **Vovó na sala de aula** – Convide algumas avós a fazer uma atividade de 30 minutos com os alunos, como contar uma história, ensinar uma receita, cantar uma música ou fazer uma brincadeira da época.
- **Festival de música** – Com as crianças, monte um musical chamado *A colcha de retalhos*, resgatando as cantigas de roda do tempo da avó.
- **Chá da tarde** – Faça um coquetel ou um chá da tarde com as avós. Os alunos poderão fazer as bolachinhas e o chá.
- **Tarde da história** – Os alunos convidam as avós e contam as histórias que ouviram delas.
- **Palestra** – Convide as avós para ir à escola e assistir a uma palestra com um especialista (geriatra, psicólogo etc.) sobre cuidados na terceira idade (saúde, esporte, beleza).
- **Oficina de valores** – Questione o que é sentir saudades. Promova uma conversa sobre esse sentimento. Faça um mural com dizeres dos alunos sobre o assunto.

PROJETO 2

■ Livro de referência

RIBEIRO, N. **Revolução no formigueiro**. Rio de Janeiro: Ed. do Brasil, 2013.

Esse livro trabalha o conceito de sociedade, os limites e as regras de convivência. Desenvolve o espírito de cooperação e a noção dos direitos e deveres do cidadão, mostrando que é possível aliar o trabalho e o lazer com a responsabilidade.

■ Antes da leitura

1. Apresente as seguintes curiosidades para os alunos:
   - Você sabia que uma formiga consegue carregar até vinte vezes o seu peso?
   - Você sabia que uma formiga operária vive cerca de sessenta dias?
   - Observe no calendário e responda: Sessenta dias equivale a quantos meses?
   - Você sabe qual é seu peso? Será que consegue calcular vinte vezes o seu peso?
   - Os estudiosos acreditam que na Terra existam cerca de 10 quatrilhões de formigas, uma população maior do que a humana.
   - Há 12 mil espécies identificadas, mas os pesquisadores supõem que existam 20 mil.
   - O maior formigueiro do mundo tem 6 mil quilômetros e passa por quatro países: Portugal, Espanha, França e Itália.

2. Exiba para a turma o filme *Vida de inseto* e peça aos alunos que, em grupos, anotem as ideias matemáticas envolvidas na história. Socialize as ideias anotando em um cartaz, para que possam consultá-las e completá-las caso surjam novas percepções.
3. Faça com os alunos a receita a seguir:

Bolo formigueiro

Ingredientes:

- 8 ovos
- 2 xícaras de açúcar
- 2 xícaras de farinha de trigo
- 1 xícara de óleo
- 150 g de chocolate granulado
- 200 g de coco ralado
- 1 colher de sobremesa de fermento em pó

Modo de fazer:

- Bata os ovos com açúcar, junte o óleo e o coco ralado.
- Junte a farinha, o fermento e, por fim, o chocolate granulado.
- Leve ao forno em forma untada com manteiga e polvilhada com farinha em forno médio durante 40 a 50 minutos.

■ Após a leitura

Após uma leitura das regras do formigueiro, promova um debate sobre as normas de convivência em sala de aula. Procure avaliar os textos produzidos, acompanhar cada aluno e observar os procedimentos empregados para resolver problemas. Proponha, por exemplo, que cada um escreva uma carta a outro professor, convencendo-o a trabalhar com o livro.

5.4 A COMPREENSÃO LEITORA

O que é compreensão leitora? Para responder a essa questão, precisamos considerar que ler não é somente uma decifração – exige uma interação entre o leitor e o texto.

Segundo Kleiman (2004, p. 10), compreender um texto escrito é "um ato cognitivo, pois a leitura é um ato social entre dois sujeitos – leitor e autor – que interagem entre si, obedecendo a objetivos e necessidades socialmente determinados". A autora amplia o significado de leitura e propõe a interação entre as partes para a compreensão da mensagem escrita.

A leitura permite a compreensão do mundo que nos cerca. Para isso, precisamos entender as diferentes mensagens para viver de forma adequada na sociedade atual. A atividade interpretativa vai além do que está escrito, uma vez que quem lê busca ampliar um conhecimento prévio. Kleiman (2004) afirma que, para dar sentido ao texto, o leitor precisa do conhecimento linguístico, dos conhecimentos textuais e dos conhecimentos de mundo.

O **conhecimento linguístico** é o conhecimento implícito que nos permite falar o português nativo. Abrange desde as pronúncias próprias da língua, "passando pelo conhecimento de como é pronunciar português, pelo conhecimento de vocabulário e regras da língua, chegando até o conhecimento sobre o uso da língua" (Kleiman, 2004, p. 13).

O **conhecimento textual** consiste em considerar a "classificação do texto do ponto de vista da estrutura" (Kleiman, 2004, p. 17). As histórias que começam com a expressão "Era uma vez" são determinadas pelos contos de fadas. Chegamos a essa compreensão com base no conhecimento gramatical. O conhecimento textual deve ser entendido como as noções e os conceitos sobre um texto. Não lemos da mesma forma tipos diferentes de texto, como narrativo, descritivo e argumentativo. Precisamos perceber quais são os tipos e as características de uma produção escrita.

O **conhecimento de mundo** é entendido como o conjunto de vivências adquiridas desde o nascimento. Marcuschi (2004) afirma que, para haver compreensão do texto lido, são necessários conhecimentos prévios quanto:

- **à base textual** – para a organização de um texto, é preciso a existência de um sistema linguístico de domínio comum (conhecimento linguístico);
- **aos conhecimentos relevantes partilhados** – para que a base textual seja eficaz na interação com o outro, esse conhecimento precisa ser partilhado (conhecimento de mundo);
- **à coerência** – o texto deve ter uma coerência para a compreensão que é construída tanto na produção como na recepção do texto (conhecimento textual);

- **à cooperação** – a compreensão se dá na interação com situações concretas que evidenciam colaboração mútua (conhecimento de mundo);
- **à abertura textual** – à medida que a compreensão está na condição de cooperação, o texto se transforma em uma abertura estratégica com muitas possibilidades de interação (conhecimento de mundo);
- **à base contextual** – requer a presença de contextos suficientes, situados em um tempo e um espaço (conhecimento de mundo);
- **à determinação tipológica** – aqui deve ser considerado o tipo de texto, pois cada tipo carrega em si condições restritivas específicas (conhecimento textual).

Para a interpretação do texto, é necessária a compreensão por completo.

A criança em fase de alfabetização lê vagarosa e silabicamente, mas o que ela está fazendo é decodificar (conhecimento da correspondência entre som e letra). Segundo Kleiman (2004, p. 36), "o adulto não decodifica; ele percebe as palavras globalmente e adivinha muitas outras guiado pelo conhecimento prévio e por suas hipóteses de leitura".

Quando, por exemplo, estudamos teorias sobre estratégias de compreensão leitora, tal como você está fazendo com este livro, o processo que seguimos envolve alguns passos: revemos o que já sabemos sobre o tema ou outros relacionados (compreensão, leitura, habilidade de codificação, procedimentos, estratégias cognitivas) que nos levam a selecionar e atualizar aquilo que estamos lendo (Solé, 1998).

Segundo Coll (citado por Solé, 1998), pode ser que nosso conhecimento não se ajuste exatamente ao conteúdo que se almeja aprender. Ainda assim seremos recompensados com novas informações. Nosso conhecimento prévio pode ser contradito, o que também é importante para o processo de aprendizado.

Precisamos, então, revisar esse conhecimento com uma ampliação do que já sabemos, introduzindo novas variáveis e estabelecendo relações inéditas com os outros conhecimentos.

Quando o leitor compreende o que lê, está aprendendo. A leitura aproxima a cultura e, nesse sentido, é sempre uma contribuição para a cultura do próprio leitor (Solé, 1998).

5.5 O ENSINO DAS ESTRATÉGIAS DE LEITURA

O que você entende por estratégias de leitura? Segundo Solé (1998, p. 70), essas estratégias são "procedimentos e os procedimentos são conteúdos de ensino, então é preciso ensinar estratégias para a compreensão dos textos".

Podemos definir estratégias de leitura como as ações apreendidas e ordenadas pelo leitor durante o processo, muitas das quais ocorrendo de forma frequente. Alguns leitores utilizam essas táticas de forma automática; por isso, quando leem, não pensam sobre como processam a leitura.

Enquanto lemos e compreendemos, não acontece nada e o processamento ocorre de maneira automática. Quando, porém, encontramos algumas dificuldades durante a leitura, é imprescindível parar e prestar atenção ao problema, entrando assim em um estado estratégico. Nesse estado, estamos plenamente conscientes daquilo que pretendemos – apreender o conteúdo lido, "esclarecer um problema e colocar em funcionamento algumas ações que podem contribuir para a consecução do propósito" (Solé, 1998, p. 72).

As estratégias metacognitivas são realizadas com algum objetivo em mente. Temos controle consciente sobre elas e somos capazes de dizer e explicar nossa ação. São estratégias para conseguir mais eficiência na leitura, tais como reler o texto, destacar e grifar o significado de palavras, resumir o que foi lido e exemplificar um conceito.

As estratégias cognitivas e metacognitivas são importantes para formar leitores autônomos e capazes de enfrentar as produções de forma inteligente, não importando a complexidade da obra. Formar leitores autônomos significa "formar leitores capazes de aprender a partir dos textos" (Solé, 1998, p. 72).

5.5.1 COMO ENSINAR AS ESTRATÉGIAS DE LEITURA?

Em sua atuação pedagógica, o professor precisa permitir que o aluno "planeje a tarefa geral de leitura e sua própria localização – motivação, disponibilidade – diante dela" (Solé, 1998, p. 73). Isso potencialmente facilita a revisão, o controle da leitura e a tomada de decisões segundo seus objetivos.

Para Paliscar e Brown (citados por Solé, 1998, p. 73-74), algumas atividades cognitivas devem ser ativadas mediante as estratégias para que se possa compreender o que se lê, quais sejam:

- Compreender os propósitos implícitos e explícitos da leitura (O que tenho que ler? Por quê? Para que tenho que ler?).
- Ativar e aportar à leitura os conhecimentos prévios relevantes para o conteúdo em questão (O que eu sei sobre o conteúdo do texto? Quem é o autor? Qual é o gênero textual?).
- Dirigir a atenção ao fundamental, em detrimento do que pode parecer mais trivial (Qual informação posso considerar mais relevante? Qual é a informação essencial para conseguir atingir meu objetivo de leitura).
- Avaliar a consistência interna do conteúdo expresso pelo texto e sua compatibilidade com os conhecimentos prévios e com o sentido comum (Esse texto faz sentido? As ideias têm coerência?).
- Comprovar continuamente se a compreensão ocorre mediante a revisão, a recapitulação periódica e a autointerrogação (Qual é a ideia fundamental que extraio daqui? Posso reconstruir as ideias contidas nos principais pontos? Tenho compreensão adequada deles?).
- Elaborar e provar inferências de diversos tipos, como interpretações, hipóteses e previsões e conclusões (Qual poderá ser o final deste texto? O que pode acontecer com esse personagem?).

Essas estratégias são fundamentais para o aprender por meio da leitura. Esses conhecimentos devem ser instrumentalizados pelos alunos com o objetivo de **aprender a aprender**.

Collins e Smith (citados por Solé, 1998, p. 77), afirmam que é necessário ensinar várias estratégias que podem contribuir para a compreensão leitora. Os autores propõem um ensino em progressão em três etapas:

1. **Modelo** – O professor serve de modelo para os alunos mediante a própria leitura, Ao ler em voz alta para verbalizar e comentar o processo do texto, auxilia na compreensão.
2. **Participação do aluno** – O professor formula perguntas com base em hipóteses levantadas sobre o texto. Essa etapa é mais delicada, pois o professor deve intervir de forma segura nas necessidades dos alunos, sem prejudicar o desenvolvimento da autonomia deles.
3. **Leitura silenciosa** – Nessa etapa, "os alunos realizam sozinhos as atividades", dispensando a ajuda do professor. Eles mesmos criam os "objetivos de leitura, prever, formular hipóteses, buscar e encontrar apoio para hipóteses, detectar e compensar falhas de compreensão" (Solé, 1998, p. 78).

Baumann (citado por Solé, 1998, p. 79) divide o ensino da compreensão leitora em cinco estágios:

1. **Introdução** – O professor explica aos alunos os objetivos do trabalho e o modo como farão a leitura.
2. **Exemplo** – O educador exemplifica a estratégia trabalhada mediante um texto.

3. **Ensino direto** – O professor exemplifica e descreve a habilidade em questão, dirigindo a atividade. Os alunos respondem às perguntas e elaboram a compreensão do texto.
4. **Aplicação dirigida pelo professor** – Os alunos devem pôr em prática a habilidade aprendida sob o controle e a supervisão do professor.
5. **Prática individual** – Os alunos devem utilizar a habilidade com outro material.

As estratégias de leitura devem desenvolver a compreensão verbal e não verbal do leitor para que consiga interpretar o que está lendo.

Recomendações para a leitura em voz alta em sala de aula

- Escolha um livro ou texto que seja de interesse da turma e que os alunos tenham a oportunidade de ler antes.
- Oriente os alunos a mudar a entonação para realçar as personagens importantes. As emoções, como medo, dúvida, surpresa, susto e alegria devem aparecer no texto, principalmente por meio da voz.
- Antes da leitura, verifique se os alunos têm dúvidas quanto ao significado de alguma palavra ou de sua pronúncia, visto que a língua escrita é diferente da língua falada.

- É importante escolher textos e livros curtos, que se adaptem ao momento da leitura e ao tempo de atenção da turma.
- Deixe os alunos explorarem as ilustrações, pois elas têm uma grande importância e enriquecem o texto.

Sempre é válido ressaltar que o papel do professor é ensinar o método de expansão da capacidade de compreensão dos textos. As atividades em sala têm como objetivo a formação de um leitor autônomo, que percebe a importância e sente prazer diante de um texto escrito.

SÍNTESE

Neste capítulo, discutimos a importância dos procedimentos de leitura para a aprendizagem da linguagem oral e escrita. A compreensão do texto é o objetivo principal desse esforço. Ler é estabelecer os objetivos de leitura, levantar hipóteses sobre o que vai acontecer na narrativa e buscar em conhecimentos prévios a noção de mundo necessária para questionar sobre trechos não compreendidos. Na escola, devemos incentivar a leitura de toda e qualquer mensagem: cartazes, placas, jornais, embalagens de alimentos e bulas de remédios, entre outros textos, para que os alunos percebam que os sinais escritos sempre transmitem uma informação. É necessário tornar os alunos atentos à leitura em sua vida cotidiana para que eles percebam os vários usos da escrita.

INDICAÇÕES CULTURAIS

Livro

FERREIRO, E. **Passado e presente dos verbos ler e escrever**. São Paulo: Cortez, 2002.

A autora faz uma reflexão sobre as práticas de leitura e escrita e discute a importância da diversidade no processo de alfabetização.

Literatura infantil não verbal

MICHELINI, C. **A carta**. Ilustrações de Michele Iacocca. São Paulo: Formato, 2013.

Esse livro conta história de amor por meio de imagens. Um menino observa da janela uma menina lendo um livro. Em seus desenhos, ele consegue manifestar o carinho que sente, espalhando-o para todo mundo.

MICHELINI, C. **O violino**. Ilustrações de Michele Iacocca. São Paulo: Formato, 2013.

A história representada por imagens é de uma menina que descobre a música e tem o desejo de aprender a tocar violino.

MICHELINI, C. **O pássaro**. Ilustrações de Michele Iacocca. São Paulo: Formato, 2013.

A leitura de imagens desse livro proporciona um momento de reflexão sobre as escolhas que fazemos em nossas vidas.

ATIVIDADES DE AUTOAVALIAÇÃO

1. Indique se as afirmações a seguir sobre o conceito de leitura são verdadeiras (V) ou falsas (F):

    ( ) O processo de leitura ocorre por meio da memorização das palavras.

    ( ) A leitura é uma interação entre o leitor e o texto.

( ) A leitura é uma forma de processamento da informação.
( ) Não precisamos da atenção nem da memória para aprender a ler.
( ) A leitura não é uma decifração e uma decodificação; por isso, é dispensável construir um léxico mental ortográfico.

Assinale a alternativa correspondente à sequência correta de preenchimento dos parênteses:

a) V, F, F, V, F.
b) V, F, V, F, V.
c) V, V, F, V, F.
d) F, V, V, F, F.
e) F, F, F, V, V.

2. Os diálogos a seguir caracterizam os diferentes momentos no processo de estratégias de leitura. Identifique se os diálogos acontecem antes, durante ou depois da leitura.

I. **Professor**: Este texto irá tratar de qual assunto?

II. **Aluno**: Professor, o texto fala que precisamos economizar água.
Professor: Todos concordam que essa é a ideia central?

III. **Professor**: Alguém gostaria de fazer uma pergunta sobre o texto?

IV. **Professor**: Quem já viu uma tartaruga marinha?
Aluno 1: Eu vi em um livro.
Aluno 2: Eu conheço o projeto Tamar.
Aluno 3: Eu assisti um vídeo.
V. **Professor**: O que você acha que acontecerá agora?

a) I – durante, II – durante, III – depois, IV – antes, V – depois.
b) I – antes, II – depois, III – depois, IV – antes, V – durante.
c) I – antes, II – durante, III – durante, IV – durante, V – depois.
d) I – durante, II – depois, III – antes, IV – depois, V – depois.
e) I – antes, II – antes, III – depois, IV – depois, V – depois.

3. Angela Kleiman (2004) diz que, para dar sentido ao texto, o leitor precisa de alguns conhecimentos prévios. Entre eles, destacam-se os:
    a) interativos, cognitivos e de conhecimento de mundo.
    b) linguísticos, contextuais e coerentes.
    c) linguísticos, textuais e de conhecimento de mundo.
    d) textuais, visuais e contextuais.
    e) interativos, contextuais e linguísticos.

4. Para compreender um texto, é preciso:
   a) somente decodificar as letras.
   b) não interagir com o texto.
   c) compreender o mundo que nos cerca.
   d) não ter qualquer conhecimento prévio sobre o assunto.
   e) ler somente com base nos conhecimentos gramaticais.

5. As três etapas para a compreensão leitora são:
   a) modelo, participação do aluno e leitura silenciosa.
   b) modelo, participação do aluno e leitura oral.
   c) modelo, participação da turma e leitura coletiva.
   d) modelo, participação coletiva e leitura oral.
   e) modelo, participação individual e leitura silenciosa e autônoma.

ATIVIDADES DE APRENDIZAGEM

Questões para reflexão

1. Reflita sobre o que fazer para ajudar um aluno do 2º ano do ensino fundamental que ainda tem uma leitura silábica e não compreende o que lê. Quais ações você adotaria para amenizar essa dificuldade?

2. Com base na leitura deste capítulo, explique as principais estratégias de leitura.

Atividade aplicada: prática

1. Escolha um texto ou um livro de literatura infantil de sua preferência. Utilize as estratégias de leitura "antes", "durante" e "depois" para criar um trabalho de incentivo à leitura com o material escolhido.

6
AQUISIÇÃO E DESENVOLVIMENTO DO SISTEMA FONOLÓGICO NA CRIANÇA

Finalizando nosso percurso pela pedagogia da alfabetização (nesta obra, fique claro), estudaremos a aquisição e o desenvolvimento do sistema fonológico na criança. Antes, porém, vamos ativar nossos conhecimentos prévios para pensar sobre o que é fonologia.

Segundo Cagliari (2010, p. 75), a fonologia estuda os sons de uma língua do ponto de vista de sua função. Está voltada, portanto, aos aspectos interpretativos dos sons e sua estrutura nas línguas. Podemos citar o exemplo da palavra *escola*. Algumas pessoas dizem *iscola*. Essa ocorrência do *i* ou do *e* não muda o significado e, conforme a fonologia, o *i* e o *e*, nesse caso, têm o mesmo valor.

Vamos compreender por que isso acontece?

6.1 AQUISIÇÃO FONOLÓGICA

O processo fonológico inicia-se nos primeiros anos de vida, quando "os fonemas são adquiridos e estabelecidos quanto às posições nas sílabas e palavras" (Ferrante; Borsel; Pereira, 2009, p. 36).

Durante o processo de aquisição fonológica, "as crianças devem aprender quais os sons usados na sua língua e de que maneira eles são organizados" (Ferrante; Borsel; Pereira, 2009, p. 36). Essa expansão ocorre entre 1 ano e 6 meses até 4 anos, aproximadamente. Nesse período, "há um aumento do inventário fonético das crianças, possibilitando a produção de palavras polissilábicas e de estruturas silábicas mais complexas, porém, este período é caracterizado pela ocorrência de substituições e omissões de sons" (Ferrante; Borsel; Pereira, 2009, p. 36). O processo é gradativo e a criança incorpora regras fonológicas de forma contínua até os 7 anos – estágio em que ela aprende o sistema de sons de sua língua.

Os processos fonológicos servem, então, para facilitar a produção de sons (Othero, 2005). As crianças já conhecem as palavras e, ao tentar falar, podem trocar um som por outro. Uma criança de 3 anos, por exemplo, pode dizer *gabunça* em vez de *bagunça* e *pacagaio* em vez *de papagaio*.

Durante muito tempo, acreditava-se que as crianças aprendiam a língua materna pela imitação de um adulto, por meio de generalizações de regras e por analogias. Muitas crianças, em vez de falar *eu fiz*, dizem *eu fazi*. Nesse caso, ocorre uma generalização da regra de flexão verbal, aplicada apenas a alguns verbos (Engelbert, 2012). A criança diz *eu comi, eu dormi, eu caí, eu fazi*. Essas construções indicam que ela está aprendendo e internalizando regras.

Há procedimentos fonológicos que devem ser empregados em sala de aula e ensinados aos alunos, para que possam interpretar o valor linguístico que os sons assumem em nossa língua.

Segundo Cagliari (2010), o valor linguístico diz respeito às funções de um som dentro de uma organização sistemática da língua. Por exemplo: quando se substitui o [p] de *pato* por um [b] de *bato*, há um novo significado, uma nova palavra. Sendo assim, [p] e [b] têm valores distintivos, porque trocando um pelo outro ocorre mudança de significado.

Há também sons com valor não distintivo (Cagliari, 2010). Se dissermos *cadeira* ou *cadera*, a troca do som [ei] por [e] não altera o significado (Cagliari, 2010).

Ainda conforme Cagliari (2010), ao trocar um som por outro em determinado contexto, estamos fazendo um teste de comutação em que os elementos sonoros das palavras parecem inalterados. Vejamos o exemplo da palavra *casa*. Podemos separar o contexto testando o [z] em *caza* (não há mudança de significado), mas entre as palavras *casa* e *caça* devemos diferenciar o contexto, pois há nítida mudança de significado.

Para cada valor fonológico, a linguagem se divide em unidades denominadas *signos*. O signo linguístico (Cagliari, 2010) é a união de um significado com um significante. Estudamos esses conceitos em capítulos anteriores. Para relembrar, o significado é o conceito da palavra *casa* como moradia, e o significante corresponde ao som [k + a + s + a].

O professor deve ensinar aos alunos as diferenças entre os sons [p] e [b]; [f] e [v], propor a construção de pares de palavras como *faca* e *vaca*; *pata* e *bata* e utilizar a análise fonológica para entender os problemas reais da fala e da escrita, de modo a facilitar o processo de aprendizagem.

6.2 PROCESSOS FONOLÓGICOS REFERENTES À SÍLABA

Podemos definir *processos fonológicos* como os "fenômenos de mudança silábica ou adaptações causadas por influência dos segmentos adjacentes ou até mesmo fatores suprassegmentais, como acento e ritmo" (Engelbert, 2012, p. 97).

Na língua portuguesa, ocorrem mudanças quando juntamos segmentos, sílabas e palavras. O acento marca presença e acarreta mudanças sistemáticas no contexto linguístico. Assim, os processos fonológicos sofrem variações condicionadas pelo contexto linguístico, seja pelo padrão acentual, seja pelo silábico.

Vamos observar com mais detalhes os processos mais importantes para a língua com base em Engelbert (2012):

- **Palatalização** – Processo de assimilação que ocorre em muitos dialetos. É o caso dos sotaques. Um exemplo é a variação livre das oclusivas [t] e [d] diante de [i], como em *dia* – [diɐ] e [dʒiɐ].
- **Nasalização e nasalidade** – No processo fonológico ocorre a nasalização e, no fonético, a nasalidade. Para a palavra *ponte* se produz ressonância nasal, em contraposição à palavra *pote*. É a nasalização (processo fonológico) que acarreta mudança de significado. Outro exemplo: na palavra *camisa*, podemos ou não ter uma vogal nasalizada na primeira sílaba cã/kã – cá/ká. Isso ocorre com frequência no período de alfabetização, quando as crianças escrevem *cãma* e *mãmae*, por exemplo.
- **Harmonia vocálica** – Processo que consiste na mudança de uma ou mais vogais para se harmonizarem com outra vogal da mesma palavra. Por exemplo: *teatro/tiatro; cadeado/cadiado; pepino/pipino; escola/iscola*.
- **Epêntese** – Processo de modificação silábica e não de assimilação. Há inserção de uma vogal para tornar a sílaba mais adequada, por exemplo: *pneu/pineu; advogado/adivogadu*.
- **Ditongação e monotongação** – No primeiro processo, o núcleo silábico simples é um ditongo (*capaz/capaiz; pés/péis; dez/deiz*). A monotongação é o oposto: a simplificação de um ditongo em um único segmento vocálico (baixa/baxa; queijo/quejo).

- **Hipercorreção** – Construções como *bandeija* ou *carangueijo* são tipos de hipercorreção, que consiste na aplicação de uma regra quando não há necessidade.
- **Neutralização das vogais átonas** – Vejamos os exemplos *seco* (adjetivo) e *seco* (verbo); *soco* (substantivo) e *soco* (verbo); *topo* (adjetivo) e *topo* (verbo). A neutralização das vogais depende da tonicidade da sílaba.
- **Apagamento** – As palavras sofrem uma modificação silábica. Nas palavras proparoxítonas, pode ocorrer na oralidade: *xícara/xicra*; *óculos/oclos*; os verbos *comer/comê* e *sair/saí*; entre outras palavras, como *viagem/viage* e *bobagem/bobage*.

Cientes desses processos fonológicos, podemos entender um pouco mais como ocorre a mudança da palavra abstrata de sua forma fonológica para sua realização fonética.

6.3 A FALA E A ESCRITA: RELAÇÕES COM A FONOLOGIA

Os estudos sobre a oralidade e a escrita precisam de uma base linguística que caracterize com clareza o funcionamento da língua, como fonemas, morfemas, sílabas e palavras. A criança, durante o processo de aquisição da linguagem, apresenta "sempre uma gramática condizente com aquelas observadas nas línguas naturais" (Miranda; Matzenauer, 2010, p. 361). Desde pequena, é capaz de explorar o conhecimento linguístico armazenado, pois há integração entre os princípios gerais e os padrões de língua, de modo que ela obedece esse mecanismo na formação de hipóteses referentes ao sistema em aquisição (Miranda; Matzenauer, 2010).

Para adquirir a fonologia de uma língua, a criança precisa perceber os segmentos e compreender os processos fonológicos, as restrições em relação à estrutura silábica e a formação das palavras com acentuação.

Durante o processo de aquisição de segmentos e sílabas, a produção reflete a competência fonológica. O professor, então, não somente precisa apresentar dados e explicá-los, mas também formular hipóteses e interpretações sobre a natureza e o processo de aquisição da linguagem, e, especificamente, do conhecimento fonológico, que se relaciona aos segmentos e às unidades que cumprem o papel de promover o contraste entre pares como *pato* e *bato*; *cata* e *bata*.

A criança chega à escola com o domínio da língua em suas dimensões estruturais e pragmático-discursivas. Assim, ela já tem as condições linguísticas e cognitivas necessárias para interagir com a escrita como um objeto do conhecimento. Já formulou hipóteses, o que facilita a aquisição da escrita.

6.4 CONSCIÊNCIA FONOLÓGICA

> Um, dois, feijão com arroz,
> Três, quatro, feijão no prato,
> Cinco, seis, feijão inglês,
> Sete, oito, feijão com biscoito,
> Nove, dez, feijão com pastéis.

Provavelmente você já cantou essa parlenda a uma criança. Com essa simples brincadeira, os pequenos podem tomar consciência das rimas e, com base nelas, chegar à consciência fonológica.

Segundo Engelbert (2012, p. 158), consciência fonológica "é a capacidade que nós temos de refletir sobre os sons da fala". Por meio da consciência fonológica, ampliamos nosso conhecimento sobre a língua, podemos manipular a produção dos sons da fala, identificar, substituir, transpor e unir pelos segmentos sílabas, palavras e frases.

Para Gombert (citado por Salles, Parente e Machado, 2004, p. 121), "a consciência fonológica é uma habilidade metalinguística específica que corresponde à identificação dos componentes fonológicos em uma unidade linguística e à manipulação intencional desses componentes". A memória mantém ativados os sons decodificados para formar uma palavra. Quando perguntamos a uma criança "o que rima com pão?", ela precisa de um acesso à informação fonológica de seu léxico mental para extrair o significado da palavra escrita com base em seu som. Esse processo é chamado de *correspondência grafema-fonema* (Salles; Parente; Machado, 2004).

Segundo Carvalho (2005b, p. 29), a consciência fonológica "consiste na capacidade para focalizar os sons da fala, independente do sentido". Pode ser desenvolvida por meio de inúmeras atividades, de modo a produzir um melhor desenvolvimento na aprendizagem da leitura e da escrita.

É na relação com diferentes formas de expressão oral que as crianças desenvolvem habilidades linguísticas. Há diferentes formas linguísticas, como músicas, cantigas de roda, parlendas, jogos orais e a própria fala. Para introduzir as crianças no mundo da escrita, é preciso compreender como se dá o processo da escrita como representação visual dos sons, que, por sua vez, compõem a representação sonora da fala.

De acordo com Soares (2017), as crianças ouvem e produzem cadeias sonoras (significantes), associando-as a significados para compreender a escrita alfabética como representação dos sons. É imperativo dissociar significante e significado. A atenção delas precisa estar voltada para a estrutura fônica das palavras, fazendo a segmentação de cadeias sonoras em palavras, sílabas e fonemas.

Soares (2017) diz que a criança revela consciência de rimas e aliterações antes de alcançar a consciência de sílabas e fonemas. Haveria, assim, uma espécie de hierarquia no desenvolvimento da consciência fonológica das palavras.

Para Cardoso-Martins, Correa e Magalhães (citados por Soares, 2017, p. 170), a consciência fonológica "manifesta-se através de diferentes habilidades, em uma sequência previsível que vai desde a sensibilidade à sílaba e à rima até a habilidade de identificar os segmentos fonêmicos da fala", levando a criança a mudanças na representação fonológica ao longo de seu desenvolvimento.

Vamos agora conhecer as habilidades da consciência fonológica que focalizam o conhecimento de rimas e aliterações, de sílabas (ou consciência silábica), de palavras (ou consciência lexical) e a consciência fonêmica.

6.4.1 RIMAS E ALITERAÇÕES

As rimas representam a "designação da semelhança entre os sons finais de palavras" (Soares, 2017, p. 179). Por exemplo, *sapato* rima com *pato*; *café* rima com *pé* e *chulé*.

Podemos chamar essas rimas de *consonantes* ou *consoantes*, pois há uma coincidência vocálica e consonântica. Há também rimas *assonantes*, que ocorrem quando há coincidências da vogal na sílaba tônica, mas diversidade nas consoantes.

Em sala de aula

Segundo Soares (2017), nas rimas ocorre semelhança entre os sons finais das palavras. Vejamos no exemplo de um texto coletivo produzido por uma turma de 1º ano:

A, B, C DOS ANIMAIS

A ARARA TEM CARA?
O BODE PODE?
O CACHORRO SOBE O MORRO?
O DRAGÃO TEM CORAÇÃO?
O ELEFANTE É GIGANTE?
A FOCA TEM CARA DE MINHOCA?
O GATO COMEU O RATO?

Na aliteração, ocorre a repetição de sons de palavras, particularmente os fonemas, no início, no meio e no fim de vocábulos sucessivos visando provocar efeitos sensoriais em quem ouve ou lê, por exemplo, os populares trava-línguas como "O rato roeu a roupa do rei de Roma" (Soares, 2017).

No desenvolvimento da consciência fonológica, a aliteração é usada para designar semelhanças entre os sons iniciais de palavras em sílabas:

balaio – bacia
faca – foca – fica

As crianças, desde a educação infantil, gostam de brincar com rimas e aliterações: buscam outras palavras com som final e inicial iguais.

Sugestões de atividades com rimas e aliterações

- **Rima de nomes** – Com a lista de nomes dos alunos, convide-os a criar uma frase que rime com cada nome. Por exemplo: "Nicolas visitou as vinícolas"; "Mariana pintou sua cama"; "Rafael desenhou no papel".
- **Livros de literatura infantil com rimas** – Leia histórias rimadas em voz alta e exagere no ritmo e na rima para estimular ativamente a escuta e a antecipação entre os alunos.
- **Rimas** – Organize a turma em círculo. Inicie o jogo e pergunte a um aluno: "O que rima com *irmão*? Acertando a rima, o aluno vai para o centro da roda e propõe uma nova rima a um colega. Caso contrário, dê a chance de outro aluno responder.

- **Barquinha carregadinha de...** – Forme um círculo e inicie o jogo dizendo que a barquinha vai carregada de, por exemplo, limão. Peça então, ao aluno que está ao lado que diga uma palavra que rime com *limão*. O colega ao lado deste deve rimar a palavra dita anteriormente, e assim sucessivamente. A mesma terminação se repetirá até completar a volta. Reinicie o jogo com outra rima.
- **Batata quente diferente** – Organize os alunos em um círculo e passe um saquinho, como na tradicional brincadeira da batata quente. No momento em que a batata queima, o aluno pega uma palavra do saquinho para rimar. Quem não conseguir encontrar uma rima sai do jogo. Vence quem ficar por último na roda.
- **Fui ao mercado comprar** – Forme um círculo com os alunos e forneça algo para eles atirarem um para o outro, como uma bola. Eles devem dizer, cada um a seu tempo, "Fui ao mercado comprar pão", e jogar a bola para algum aluno do círculo. Este deverá pensar em outro produto para comprar no mercado que rime com *pão*. Este aluno deverá jogar a bola para um colega, que deverá acrescentar um novo item à cesta, mantendo a rima.

Fui ao mercado comprar pão, macarrão, ...

- **Pular corda** – Estimule os alunos a pular corda cantando algumas cantigas populares ou parlendas que tenham rimas:

  Rei, capitão,
  Soldado, ladrão,
  Qual é a letra
  Do meu coração?

- **Música e rima** – A tradicional música infantil *O sapo não lava o pé* pode ser usada para marcar a ocorrência e o ritmo das rimas. Os alunos devem formar uma roda. Todos cantam a música e o professor marca de leve as palavras rimadas na cabeça de cada um. Quando forem cantadas (*pé, quer, pé, quer, chulé*), o aluno se senta, e assim sucessivamente, até o último aluno se sentar. Este aluno reinicia a brincadeira, fazendo novamente a marcação do ritmo e da rima. Exemplo:

  O sapo não lava o pé
  Não lava porque não quer
  Ele mora lá na lagoa
  Não lava o pé
  Porque não quer
  Mas que chulé!

- **Jogo de rimas** – Produza várias cartelas com palavras que rimem, como *cabana/banana, melado/esticado, cama/lama* e *peteca/boneca* em um papel, uma palavra separada da outra. Coloque uma parte das cartelas em um saquinho e a outra em cima da mesa. Entregue três palavras para os alunos para que encontrem no saquinho as palavras que rimam com as que foram depositadas em cima da mesa. Quando o aluno encontrar a rima das três palavras, ganha o jogo. Na continuação, o jogo pode ser ampliado para quatro ou cinco palavras.
- **Palavras com sílabas que rimam** – Fale uma palavra que termine, por exemplo, com a sílaba *to* (*gato, pato, rato, sapato, acento, alimento, bisneto, bonito, cabrito, canto, gosto, grito, jato, lagarto, pasto, ponto, rosto, moto* etc.) e peça aos alunos que deem outros exemplos.
- **Palavras que começam com a mesma sílaba** – Pronuncie palavras que comecem com a sílaba *mar* (*Márcia, Marco, margarina, margarida, Marcela, martelo* etc.). Caso o aluno fale *Maria*, mostre que, ao separar as sílabas, essa palavra não começa com *mar*, e sim com *ma*.

As crianças são capazes de perceber as semelhanças sonoras das palavras porque desde pequenas estão em contato com rimas em músicas, parlendas, trava-línguas, quadrinhas; assim, desenvolvem com facilidade seu repertório linguístico.

6.4.2 CONSCIÊNCIA SILÁBICA

Depois que as crianças conhecem as rimas e as aliterações, a capacidade de segmentar as palavras em sílabas se manifesta.

A sílaba é a unidade fonológica mais acessível à criança. Ela desenvolve a capacidade de segmentar as palavras em sílabas desde cedo. Por exemplo, crianças de 4 anos costumam falar seu nome silabando. Diante da pergunta: "Qual é seu nome?", é comum a criança responder algo como: "SA-MU-EL" (o primeiro nome silabando e o sobrenome pronunciado como uma única palavra). Isso significa que a consciência silábica do próprio nome já está formada. Esse aprendizado ocorre por volta dos 3 anos, sendo constatado em crianças de 4 e 5 anos (Soares, 2017). Em pesquisas sobre a identificação de palavras na oralidade e na escrita, Soares (2017) descobriu que as crianças segmentavam uma frase em sílabas, muitas vezes considerando-as como palavras.

Assim, o trabalho com a consciência silábica possibilita a segmentação de palavras e introduz a criança no período de fonetização da escrita, em que são realizados "recortes orais" (Soares, 2017, p. 187).

Sugestões de atividades de consciência silábica

- **Trem de sílabas** – Peça aos participantes que formem, um de cada vez, palavras cuja sílaba inicial seja a última sílaba da palavra dita pelo companheiro anterior. O jogador que demorar a dar a resposta ou que se enganar perde a vez. Exemplo: CAmiSA – SAlaDA – DADO – DOminGO – GOriLA...
- **Formar novas palavras por meio da troca da letra inicial** – Em círculo, explique que uma nova palavra pode ser formada se trocarmos sua letra inicial, por exemplo: *com, bom, som, dom, tom.*
- **Subtração de sílabas para formar outras palavras** – Proponha atividades como contar o número de sílabas, dizer a sílaba inicial e subtrair uma sílaba das palavras. Exemplos:

MARCIA – tira CIA vira MAR
SAPATO – tira SA vira PATO
BATATA – tira BA vira TATA
MORDEU – tira MOR vira DEU
COMEU – tira CO vira MEU
ESCOLA – tira ES vira COLA
ESTUDO – tira ES vira TUDO
VOVÔ – tira VO vira VÔ

A utilização dos recortes orais das palavras possibilita a compreensão de que a "escrita representa os sons das palavras" (Soares, 2017, p. 187) e assim as sílabas começam a fazer parte do processo.

6.4.3 CONSCIÊNCIA LEXICAL OU CONSCIÊNCIA DE PALAVRAS

Para a linguística e a psicologia cognitiva, o reconhecimento do conceito de palavra é o mais difícil de aprender. Algumas pesquisas apontam que somente aos 6 ou 7 anos as crianças são capazes de reconhecer palavras na fala. Segundo Soares (2017), a criança já tem o conceito de palavra antes mesmo de começar a escrever, sendo capaz de segmentar frases nessas unidades lexicais.

A criança reconhece as palavras de conteúdo como *boneca*, *bola*, *princesa* e *lobo* mesmo se não for alfabetizada. Entretanto, encontra dificuldade para isolar e identificar palavras como unidade de fala. Nesse período, ela ainda tem dificuldade "em diferenciar o nome daquilo que ele representa, o signo do ser, a coisa daquilo a que ele se refere – seu referente" (Soares, 2017, p. 174).

Assim surge, segundo a teoria piagetiana, o realismo nominal, conforme explicamos no Capítulo 4. Tomando como base as contribuições de Ferreiro, percebemos que, ao escrever a palavra *papai*, a criança usa muitas letras, deixando a palavra mais comprida, porque acredita que a escrita é proporcional ao tamanho do pai. Isso foi identificado em crianças pequenas, de 3 a 5 anos. Depois ocorre a superação.

Dependendo da habilidade cognitiva em dissociar o significante do significado, a criança é capaz de dar mais atenção à sonoridade das palavras.

Por meio das rimas e aliterações, passa da consciência da palavra para a compreensão do princípio alfabético.

Sugestão de atividades para a compreensão do princípio alfabético

- **Música A dona aranha** – Escreva a letra da música *A dona aranha* e cante-a com os alunos. Em seguida, peça a eles que coloquem as frases na sequência da música:

  A DONA ARANHA SUBIU PELA PAREDE
  JÁ PASSOU A CHUVA E O SOL JÁ VEM SAINDO
  E A DONA ARANHA CONTINUA SUBINDO
  SOBE, SOBE, SOBE, E NUNCA ESTÁ CONTENTE.
  VEIO A CHUVA FORTE E A DERRUBOU
  ELA É TEIMOSA E DESOBEDIENTE
  SOBE, SOBE, SOBE, E NUNCA ESTÁ CONTENTE.

- **Quebra-cabeça** – Ainda usando a música *A dona aranha*, escreva em outro cartaz a letra com algumas palavras faltando e peça aos alunos que completem a composição. As palavras que faltam deverão estar escritas em cartões para que eles coloquem no local certo do texto.

- **Varal de palavras** – Leve para a sala de aula um varal e alguns grampos. Produza frases curtas e longas em cartões para que você possa pendurá-los. Desafie os alunos a lhe dizer quantas palavras há em cada frase antes de exibi-la. Discuta o número de palavras e compare o tamanho das frases. Mostre aos alunos que, na escrita, as palavras são separadas umas das outras por pequenos espaços vazios. Exemplo:

  CAROL BRINCOU.
  PEDRO TOMOU SORVETE.

  Em seguida, discuta com os alunos o número de palavras em cada frase e compare o tamanho das duas frases, levando-os a concluir que a segunda é mais longa por ter mais palavras.

Muitas vezes, no início da alfabetização, as crianças escrevem frases com as palavras todas juntas. Ao ajudá-las a desenvolver a consciência lexical, o professor pode orientá-las no reconhecimento de que, na escrita, as palavras são separadas por pequenos espaços vazios.

6.4.4 CONSCIÊNCIA FONÊMICA

A mudança da consciência silábica para a consciência fonêmica é um momento importante entre a consciência fonológica e a aprendizagem da escrita alfabética. A criança parte da oralidade para chegar à escrita dos sons da fala (Soares, 2017).

A consciência fonêmica e a aprendizagem da língua escrita mantêm uma relação de interação e reciprocidade. Como os fonemas são segmentos abstratos da estrutura fonológica da língua, sua representação por letras ou grafemas leva à compreensão das relações entre fonema e grafema (Soares, 2017).

As letras fazem parte do princípio alfabético e são fundamentais para compreendê-lo. Desde cedo as crianças estão em contato com as letras e aprendem a copiar, memorizar as letras de seu nome e recitar o alfabeto. Tanto situações formais na escola como informais em família ajudam as crianças a desenvolver a compreensão das letras e da língua escrita, bem como a consciência fonêmica (Soares, 2017).

Das letras e dos fonemas surge a expressão *consciência grafofonêmica*, definida por Ehri e Soffer (citados por Soares, 2017, p. 216), como a "habilidade de relacionar letras ou grafemas da palavra escrita com os sons ou fonemas detectados na palavra falada". É o nível mais avançado da consciência fonológica e só é alcançada "por meio da associação entre os grafemas e os segmentos que eles representam, os fonemas" (Soares, 2017).

As crianças formulam hipóteses na fase inicial da alfabetização. Para isso, precisam fazer uma análise das relações entre o nome das letras e os fonemas por elas representados. Vejamos alguns exemplos:

- Letras *c* e *k*: cavalo = **k**valo
- Letras *g* e *h*: galinha = **h**lia; gato = **h**ato
- Letras *b*, *t* e *d*: cabelo = cablo; peteca = ptca
- Sílabas *ce, ci, ge, gi, que* e *qui*: quando com as vogais *a, o, u* são o mesmo fonema
- Letras *j* e *g* = *je, ji* e *ge, gi* = mesmo som. Por isso a criança pergunta: "Girafa é com *j* ou com *g*?"
- Letra *x* representando o fonema [ch] = "xave" para *chave* e "chícara" para *xícara*

Para ler, precisamos pronunciar palavras; já escrever implica agrupar várias letras em uma sequência correta. A consciência grafofonêmica faz as crianças perceberem essa diferença por meio da compreensão do princípio alfabético. A leitura parte do grafema para o fonema, enquanto a escrita parte do fonema para o grafema. Os alunos precisam reconhecer as relações grafema-fonema na leitura e produzir relações fonema-grafema na escrita (Soares, 2017).

Sugestões de atividades para desenvolver a consciência fonêmica

- **Passe a bola** — Peça que os alunos se sentem em círculo. Segurando uma bola, explique que uma nova palavra pode ser formada acrescentando-se um fonema a determinado termo. Cite a palavra *oca*, perguntando o que acontece se for acrescentado um novo som ao início dessa palavra. Passe a bola

para algum aluno, que deve falar a nova palavra. Faça outra pergunta e o aluno que está com a bola passa a outro colega, e assim sucessivamente.
- **Acróstico** – O objetivo dessa atividade é relacionar o fonema inicial com adjetivos, desenvolvendo um acróstico. Fale uma palavra, de preferência um substantivo, pois, assim, pode trabalhar simultaneamente com os adjetivos, de forma prazerosa. No exemplo a seguir, foi produzido com os alunos um acróstico para o aniversário da cidade de Curitiba.

   C – CIDADE
   U – URBANA
   R – RITMO AGITADO
   I – IGREJAS
   T – TINHA
   I – ÍNDIOS
   B – BONITA
   A – ALEGRE

- **Fonema inicial** – Faça um carrinho de supermercado com uma caixa de papelão. Coloque figuras (fotos) de produtos que podemos comprar no supermercado e os nomeie. Inicie a brincadeira dizendo: "Mamãe foi ao mercado fazer compras. Descubra o que ela comprou. Começa com a letra…", conforme a palavra que os alunos deverão encontrar. Dê dicas até os alunos descobrirem o produto certo. Quando acertarem, mostre a figura. Então, a brincadeira recomeça com outro produto.

- **Jogo com o mesmo fonema final** – Divida a turma em grupos. Forneça a cada grupo fichas com gravuras que terminam com o mesmo fonema. Por exemplo: leite, sorvete, telefone. Os alunos deverão falar o nome de cada gravura. Depois que o nome de todas as gravuras tiver sido dito, peça a um aluno que cite novamente qualquer uma das gravuras, enfatizando o som final do último fonema. Pergunte: "Essas palavras terminam com o mesmo som?"; "Com que som terminam?".
- **Estou pensando em quê?** – Com um saco com pequenos objetos em mãos, diga aos alunos: "Vou pegar aqui do saco algum objeto e vocês terão de adivinhar seguindo as pistas". A primeira pista deve ser o fonema inicial da palavra referente ao objeto que você estiver segurando.

  Para ter certeza de que o jogo oferece muitas oportunidades para os alunos pensarem em palavras que comecem com o fonema em questão, convide-os a tentar adivinhar no que você está pensando após cada pista (certifique-se de que exageram a consoante inicial quando fizerem as sugestões). Vejamos o exemplo a seguir:

> Professor: Estou pensando que o que eu peguei no saco começa com a letra *b*. Vamos ouvir o som [b b b b b].
> Criança: Boné?
> Professor: Não. É algo com a forma de uma esfera. [b b b b].
> Crianças: Bola?
> Professor: Muito bem!

- **Variação** – Usando um saco cheio de objetos, diga: "Adivinhem o que tem neste saco. Começa com [g g g g] e tem pelo". Os alunos dão palpites com base nas pistas. Ao final do jogo, revise os fonemas iniciais de todos os objetos.

A consciência fonêmica contribui para o desenvolvimento da escrita alfabética (Soares,2017). Nessa etapa, a atenção da criança volta-se para os sons da fala no nível do fonema.

6.4.5 JOGOS DE ESCUTA

Os jogos de escuta, conforme Adams (2005), têm como objetivo o exercício da capacidade de superar distrações e levar as crianças a perceber diferenças de pronúncia enquanto escutam a fala.

Sugestões de atividade com jogos de escuta

- **Telefone sem fio** – Essa tradicional brincadeira começa com os alunos em círculo. O primeiro aluno diz uma frase curta para o colega que está a sua direita, e assim sucessivamente. O último participante deverá falar a frase inicial. Na maioria das vezes, as frases ou as palavras vão se modificando ao longo da brincadeira. Cada aluno passa a mensagem da maneira que "ouviu".
- **Venda para os olhos** – Para a realização dessa atividade, os alunos devem estar dispostos em roda. Escolha um aluno (o ouvinte) e, com ele, pense no nome de um colega da turma. A seguir, coloque uma venda sobre os olhos do ouvinte. Enquanto isso, os outros alunos que estão na roda sussurram os próprios nomes. O aluno ouvinte fica no meio da roda e tenta buscar o colega com o nome escolhido.
- **Qual é a música?** – Comece uma música com uma frase e peça aos alunos que adivinhem qual é a música e que continuem cantando. Depois, aumente a dificuldade e fale somente as palavras das músicas para que os alunos tentem adivinhar.
- **Sons bem-ouvidos** – Colete objetos que façam algum tipo de ruído e não se partam ao cair. Pode ser uma lata, um sino, uma buzina, um apito ou um

molho de chaves. Um jogador apresenta os objetos que escolheu e deixa que os outros observem esses objetos durante alguns minutos.

Depois, sentam-se todos de costas para esse colega. Quando estiverem preparados e em silêncio, o jogador começa a produzir ruído com os objetos. Se for o apito, por exemplo, bastará soprá-lo, se for uma lata, deixá-la cair no chão para que se produza um som. Após a apresentação de todos os sons, conta-se até 60. Enquanto isso, os outros anotarão por ordem os sons que ouviram. O vencedor será o de melhor percepção auditiva, ou seja, aquele que reconheceu a ordem exata ou mais aproximada em que soaram os objetos.

- **Escondendo o despertador** – Para esse jogo, pode-se usar um relógio despertador ou um *smartphone*. Esconda o despertador na sala de aula. Assim que ele tocar, escolha um aluno para procurá-lo, seguindo o barulho ou o toque musical.
- **Ouvindo sons** – Essa atividade pode ser realizada dentro ou fora da sala de aula. Peça aos alunos que fechem os olhos e somente escutem os sons. Depois de alguns minutos, eles devem falar sobre os sons que tenham ouvido.

As crianças precisam perceber os sons das palavras e sua representação por letras ou grafemas.

SÍNTESE

Após estudarmos um pouco sobre o sistema fonológico da criança, pudemos constatar a importância de desenvolver estratégias de consciência fonológica. A consciência fonológica tem um papel importante para a aquisição da linguagem oral e escrita e para a identificação e manipulação dos sons que são constantes no processo da língua escrita. Desenvolver nas crianças a consciência fonológica faz com que elas melhorem a compreensão da escrita e cometam menos erros ortográficos. Para que os alunos desenvolvam conhecimentos fonológicos e tenham familiaridade com textos de gêneros variados, é interessante o professor alternar as atividades de decodificação de sílabas e palavras simples com leitura de textos, músicas que rimam e jogos de escuta.

INDICAÇÕES CULTURAIS

Dissertação

BARREIRA, L. F. L. **Consciência fonológica e ensino da leitura**: integração das TIC no desenvolvimento de habilidades metalinguísticas. 82 f. Dissertação (Mestrado em Ensino da Leitura e da Escrita) – Instituto Politécnico de Bragança, Bragança, 2012. Disponível em: <https://bibliotecadigital.ipb.pt/bitstream/10198/7952/1/Leonel%20Fernando%20Lopes%20Barreira.pdf>. Acesso em: 23 jul. 2019.

Em sua dissertação, Barreira busca refletir sobre a consciência fonológica no ensino da leitura com crianças do ensino fundamental e apresenta atividades que envolvem as tecnologias para o desenvolvimento da consciência fonológica.

Vídeo

ALFALETRAR: consciência fonológica – fase pré-fonológica. 19 jul. 2017. Disponível em: <https://www.youtube.com/watch?v=tTGGbQhi-_Y>. Acesso em: 23 jul. 2019.

O vídeo mostra a teoria e a prática do Projeto Alfaletrar, concebido pela professora Magda Soares, da Universidade Federal de Minas Gerais (UFMG) em 2006. O programa realizou ações de alfabetização em todas as escolas da rede municipal de Lagoa Santa, Minas Gerais.

Artigo

OTHERO, G. de Á. Processos fonológicos na aquisição da linguagem pela criança. **ReVEL**, v. 3, n. 5, 2005. Disponível em: <http://www.revel.inf.br/files/artigos/revel_5_processos_fonologicos.pdf>. Acesso em: 22 jul. 2019.

O autor apresenta os processos fonológicos mais comuns para a aquisição da língua portuguesa. Ao conhecer a teoria, fica mais fácil a compreensão de estratégias fonológicas para as crianças.

ATIVIDADES DE AUTOAVALIAÇÃO

1. Classifique as afirmações a seguir como verdadeiras (V) ou falsas (F), de acordo com os processos fonológicos que fazem referência à sílaba:
   - ( ) O apagamento consiste em um processo de assimilação.
   - ( ) Na palatalização ocorre o processo de nasalização.
   - ( ) Na epêntese há inserção de uma vogal para tornar a sílaba mais adequada.
   - ( ) A ditongação consiste na simplificação de um ditongo em um único segmento vocálico.

( ) A harmonia vocálica é um processo que consiste na mudança de uma ou mais vogais para se harmonizarem com outra vogal da mesma palavra.

Assinale a alternativa correspondente à sequência correta de preenchimento dos parênteses:

a) V, V, F, V, F.
b) F, F, V, F, V.
c) F, V, V, V, F.
d) F, F, F, F, F.
e) V, F, F, V, F.

2. É correto definir *fonologia* como a área que estuda:
   a) os sons de uma língua do ponto de vista de sua função.
   b) o sistema alfabético de uma língua.
   c) as vogais e as consoantes na construção da escrita.
   d) a estrutura da língua.
   e) os segmentos e as sílabas da língua.

3. Indique se as afirmações a seguir são verdadeiras (V) ou falsas (F). Pela consciência fonológica, a criança:
   ( ) amplia o conhecimento sobre a língua.
   ( ) pode manipular a produção dos sons da fala.
   ( ) é capaz de refletir sobre os sons da fala.
   ( ) escreve as palavras corretamente.
   ( ) produz melhor as sílabas das palavras.

Assinale a alternativa correspondente à sequência correta de preenchimento dos parênteses:

a) V, V, F, V, F.
b) F, F, V, F, V.
c) F, V, V, V, F.
d) V, V, V, F, F.
e) V, F, F, V, F.

4. Relacione as colunas de acordo com os conceitos trabalhados sobre consciência fonológica:

I. Rima
II. Aliteração
III. Consciência silábica
IV. Consciência lexical
V. Consciência fonêmica

( ) Fase em que há dificuldade de diferenciar significado de significante.
( ) Análise dos fonemas que compõem a palavra.
( ) Correspondência fonêmica entre duas palavras.
( ) Segmentação das palavras em sílabas.
( ) Repetição de sons de palavras no início, no meio ou no fim de vocábulos.

Assinale a alternativa correspondente à sequência correta de preenchimento dos parênteses:

a) I, IV, V, III, II.
b) V, IV, I, III, II.
c) IV, V, I, II, III.
d) II. IV, I, V, III.
e) IV, V, I, III, II.

5. A expressão *consciência grafofonêmica*, definida por Ehri e Soffer, consiste na habilidade de relacionar:
   a) as letras da palavra escrita.
   b) os sons das palavras.
   c) letras ou grafemas da palavra escrita com os sons ou fonemas detectados na palavra falada.
   d) o som final das palavras.
   e) fones, fones e grafemas de uma mesma palavra.

ATIVIDADES DE APRENDIZAGEM

Questões para reflexão

1. Discorra sobre a importância da consciência fonológica na linguagem escrita.

2. Planeje ao menos três atividades que podem ser trabalhadas em sala de aula para o desenvolvimento da consciência fonológica.

Atividade aplicada: prática

1. Escolha uma atividade sobre consciência fonológica que foi apresentada neste capítulo e aplique-a em uma criança ou turma. Procure perceber como acontece o processo. Faça anotações.

CONSIDERAÇÕES FINAIS

Nesta obra, apresentamos conceitos teóricos e práticos sobre a aquisição da linguagem oral e escrita.

Começamos a discussão diferenciando língua e linguagem, estudamos as correntes pedagógicas fundamentais para o desenvolvimento da linguagem oral e escrita, e posterior construção do conhecimento.

A oralidade está presente desde o diálogo com as crianças pequenas até a interação com os adultos durante a contação de histórias. Citamos exemplos do fenômeno quando a criança pega um livro de imagens e começa a narrar a história. Essa atitude espontânea deve ser ampliada e diversificada com atividades em sala de aula. Destacamos também a habilidade de ouvir, igualmente fundamental para a oralidade. Como professores, precisamos escutar as crianças para aprimorar seu desenvolvimento cognitivo. É essencial prestar atenção em suas histórias, em suas conversas, em seus pedidos, enfim, naquilo que elas expressam.

Demonstramos que as linguagens oral e escrita devem ser contempladas pelos professores, e que a oralidade e o letramento são fundamentais para a aprendizagem da linguagem pelas crianças. Explicamos, ainda, que a aprendizagem da escrita deve respeitar as fases do desenvolvimento da criança. Com base em seu levantamento de hipóteses, podemos perceber em que fase ela se encontra e incentivar descobertas em jogos e brincadeiras.

Destacamos a importância do trabalho com a consciência fonológica. Na organização das aulas, é interessante trabalhar com rimas de nomes próprios e comuns, organização de frases rimadas até a construção de quadrinhas e poesias. A aquisição das linguagens oral e escrita não se dá somente durante o processo de alfabetização. É um processo contínuo vida escolar afora. Como professores, precisamos sempre ampliar nossas visões e refletir sobre as questões metodológicas que envolvem o processo de ensinar e aprender.

Esperamos que este material represente um degrau para seu crescimento como estudante e profissional. E que o próximo passo seja aplicar em sala de aula o conhecimento adquirido durante a leitura deste livro.

REFERÊNCIAS

ADAMS, M. J. et al. **Consciência fonológica em crianças pequenas**. Porto Alegre: Artmed, 2005.

AMPLATZ, M. B. Aprendizagem por meio de jogos matemáticos. In: AMARAL, A. C. T. do; CASAGRANDE, R. C. de B.; CHULEK, V. (Org.). **Educação infantil e anos iniciais do ensino fundamental**: saberes e práticas. Curitiba: SEED-PR, 2012. p. 23-32. Disponível em: <http://www.educadores.diaadia.pr.gov.br/arquivos/File/cadernos_pedagogicos/educacaoinfantil_anosiniciais.pdf>. Acesso em: 23 jul. 2019.

BAJARD, É. **Caminhos da escrita**: espaços de aprendizagem. 3. ed. São Paulo: Cortez, 2014.

BERBERIAN, A. P.; BERGAMO, A. **Psicogênese das linguagens oral e escrita**: letramento e inclusão. Curitiba: Iesde, 2009.

BRANDÃO, A. C. P.; ROSA, E. C. de S. A leitura de textos literários na sala de aula: é conversando que a gente se entende... In: PAIVA, A.; MACIEL, F.; COSSON, R. (Org.). **Literatura**: ensino fundamental. Brasília: Ministério da Educação; Secretaria de Educação Básica, 2010. (Coleção Explorando o Ensino, v. 20). p. 69-88. Disponível em: <http://portal.mec.gov.br/index.php?option=com_docman&view=download&alias=7841-2011-literatura-infantil-capa-pdf&category_slug=abril-2011-pdf&Itemid=30192>. Acesso em: 23 jul. 2019.

CAGLIARI, L. C. **Alfabetização & linguística**. 2. ed. São Paulo: Scipione, 2010.

CARDOSO, T. A. L. **Desenvolvimento da linguagem**. 13 out. 2003. Disponível em: <http://www.profala.com/arttf64.htm>. Acesso em: 23 jul. 2019.

CARVALHO, M. **Alfabetizar e letrar**: um diálogo entre a teoria e a prática. Petrópolis: Vozes, 2005a.

_____. **Guia prático do alfabetizador**. São Paulo: Ática, 2005b.

CEALE – Centro de Alfabetização, Leitura e Escrita. **Glossário Ceale**. Disponível em: <http://ceale.fae.ufmg.br/app/webroot/glossarioceale/>. Acesso em: 17 jul. 2019.

COELHO, N. N. **Literatura infantil**: teoria, análise e didática. 6. ed. São Paulo: Moderna, 2003.

COLELLO, S. M. G. Alfabetização e letramento: repensando o ensino da língua escrita. **Videtur**, Porto, n. 29, 2004. Disponível em: <http://www.hottopos.com/videtur29/silvia.htm>. Acesso em: 23 jul. 2019.

DEL RÉ, A. et al. **Aquisição da linguagem**: uma abordagem psicolinguística. 2. ed. São Paulo: Contexto, 2009.

DIOGENES, A. J. P.; JUSTO, R. R. da S. A literatura infantil nos anos iniciais do ensino fundamental. **Revista Saberes**, jan. 2016. Edição especial. Disponível em: <https://fapb.edu.br/wp-content/uploads/sites/13/2018/02/especial/5.pdf>. Acesso em: 17 jul. 2019.

DIONÍSIO, A. P. Multimodalidade discursiva na atividade oral e escrita. In: MARCUSCHI, L.; DIONÍSIO, A. P. (Org.). **Fala e escrita**. Belo Horizonte: Autêntica, 2007. p. 177-196.

EHRI, L. C. Aquisição da habilidade de leitura de palavras e sua influência na pronúncia e na aprendizagem do vocabulário. In: MALUF, M. R.; CARDOSO-MARTINS, C. (Org.). **Alfabetização no século XXI**: como se aprende a ler e a escrever. Porto Alegre: Penso, 2013. p. 49-81.

ENGELBERT, A. P. P. F. **Fonética e fonologia da língua portuguesa**. Curitiba: InterSaberes, 2012. (Série Língua Portuguesa em Foco).

FERRANTE, C.; BORSEL, J. V.; PEREIRA, M. M. de B. Análise dos processos fonológicos em crianças com desenvolvimento fonológico normal. **Revista da Sociedade Brasileira de Fonoaudiologia**, v. 14, n. 1, p. 36-40, 2009. Disponível em: <http://www.scielo.br/pdf/rsbf/v14n1/08.pdf>. Acesso em: 22 jul. 2019.

FERREIRO, E. **Reflexões sobre alfabetização**. 26. ed. São Paulo: Cortez, 2011. (Coleção Questões da Nossa Época, v. 6).

_____. **Cultura escrita e educação**: conversas de Emília Ferreiro com José Antonio Castorina, Daniel Goldin e Rosa María Torres. Porto Alegre: Artmed, 2001.

FERREIRO, E.; TEBEROSKY, A. **Psicogênese da língua escrita**. 4. ed. Porto Alegre: Artes Médicas, 1991.

FREIRE, A. **Contribuições teóricas de Emília Ferreiro e Ana Teberosky**. Salvador, 2003. Disponível em: <https://docplayer.com.br/16329200-Contribuicoes-teoricas-de-emilia-ferreiro-e-ana-teberosky-1.html>. Acesso em: 6 jun. 2019.

IAH – Instituto Antônio Houaiss. **Houaiss corporativo**: grande dicionário. Extensão para Google Chrome. Disponível em: <https://houaiss.uol.com.br/corporativo/index.php>. Acesso em: 6 jun. 2019.

JOSÉ, E. **O que tem nesta venda?** Ilustrações de Rogério Coelho. São Paulo: Paulus, 2017. (Coleção Patati-Patatá).

KLEIMAN, A. B. **Texto e leitor**: aspectos cognitivos da leitura. São Paulo: Pontes, 2004.

_____. Modelos de letramento e as práticas de alfabetização na escola. In: KLEIMAN, A. B. (Org.). **Os significados do letramento**: uma nova perspectiva sobre a prática social da escrita. Campinas: Mercado de Letras, 1995. p. 15-64.

LEAL, T. F.; MELO, K. R. Planejamento do ensino da leitura: a finalidade em primeiro lugar. In: BARBOSA, M. L. F. de F.; SOUZA, I. P. de. (Org.). **Práticas de leitura no ensino fundamental**. Belo Horizonte: Autêntica, 2006. p. 39-57.

LUQUE, A.; VILA, I. Desenvolvimento da linguagem. In: COLL, C.; PALACIOS, J.; MARCHESI, A. (Org.). **Desenvolvimento psicológico e educação**. Porto Alegre: Artes Médicas, 1995. p. 149-164. Vol. 1

LURIA, A. R. O desenvolvimento da escrita na criança. In: VIGOTSKII, L. S.; LURIA, A. R.; LEONTIEV, A. N. **Linguagem, desenvolvimento e aprendizagem**. 11. ed. São Paulo: Ícone, 2010. p. 143-189.

MACEDO, L. S. R. de; SPERB, T. M. O desenvolvimento da habilidade da criança para narrar a própria experiência. In: MALUF, M. R.; GUIMARÃES, S. R. K. (Org.). **Desenvolvimento da linguagem oral e escrita**. Curitiba: Ed. da UFPR, 2008. p. 45-68.

MAHONEY, A. A. Contribuições de H. Wallon para a reflexão sobre questões educacionais. In: PLACCO, V. M. N. de S. (Org.). **Psicologia & educação**: revendo contribuições. São Paulo: Educ, 2017. p. 9-32.

MALUF, M. R.; GOMBERT, J. E. Habilidades implícitas e controle cognitivo na aprendizagem da linguagem escrita. In: MALUF, M. R.; GUIMARÃES, S. R. K. (Org.). **Desenvolvimento da linguagem oral e escrita**. Curitiba: Ed. da UFPR, 2008. p. 123-135.

MARCUSCHI, L. A. Oralidade e letramento como práticas sociais. In: MARCUSCHI, L. A.; DIONÍSIO, A. P. (Org.). **Fala e escrita**. Belo Horizonte: Autêntica, 2007. p. 31-55.

_____. Leitura e compreensão de texto falado e escrito como ato individual de uma pratica social. In: ZILBERMAN, R.; SILVA, E. T. da (Org.). **Leitura**: perspectivas interdisciplinares. 5. ed. São Paulo: Ática, 2004. p. 38-57.

MINUZZI, C.; FACHIN, P. C. **Estudo sobre língua e linguagem**: considerações. Disponível em: <http://www.educadores.diaadia.pr.gov.br/arquivos/File/marco2012/portugues_artigos/linguagem.pdf>. Acesso em: 17 jul. 2019.

MIRANDA, A. R. M.; MATZENAUER, C. L. B. Aquisição da fala e da escrita: relações com a fonologia. **Cadernos de Educação**, Pelotas, v. 35, p. 359-405, jan./abr. 2010. Disponível em: <https://periodicos.ufpel.edu.br/ojs2/index.php/caduc/article/view/1626/1509>. Acesso em: 22 jul. 2019.

MORAIS, J.; LEITE, I.; KOLINSKY, R. Entre a pré-leitura e a leitura hábil: condições e patamares da aprendizagem. In: MALUF, M. R.; CARDOSO-MARTINS, C. (Org.). **Alfabetização no século XXI**: como se aprende a ler e a escrever. Porto Alegre: Penso, 2013. p. 17-48.

OLIVEIRA, M. K. de. **Vygotsky**: aprendizado e desenvolvimento – um processo sócio-histórico. São Paulo: Scipione, 1998.

OTHERO, G. de Á. Processos fonológicos na aquisição da linguagem pela criança. **ReVEL**, v. 3 n. 5, 2005. Disponível em: <http://www.revel.inf.br/files/artigos/revel_5_processos_fono logicos.pdf>. Acesso em: 22 jul. 2019.

PAULA, F. V. de; CORREA, J.; SPINILLO, A. G. O conhecimento metalinguístico de crianças: o papel das aprendizagens implícitas e explícitas. In: DIAS, M. A. de L. e; FUKUMITSU, K. O.; MELO, A. F. T. de (Org.). **Temas contemporâneos em psicologia do desenvolvimento**. São Paulo: Vetor, 2012. p. 161-196.

PEDROSO, F. S. et al. Evolução das manifestações pré-linguísticas em crianças normais no primeiro ano de vida. **Revista Sociedade Brasileira de Fonologia**, v. 14, n. 1, p. 22-25, 2009. Disponível em: <http://www.scielo.br/pdf/rsbf/v14n1/06.pdf>. Acesso em: 17 jul. 2019.

PINHEIRO, R. C. A produção escrita na escola: o computador como ferramenta pedagógica. In: ARAÚJO, J. C.; DIEB, M. (Org.). **Linguagem e educação**: fios que se entrecruzam na escola. Belo Horizonte: Autêntica, 2007. p. 33-50.

PINO, A. A psicologia concreta de Vigotski: implicações para a educação. In: PLACCO, V. M. N. de S. (Org.). **Psicologia & educação**: revendo contribuições. São Paulo: Educ, 2017. p. 33-62.

PIRES, O. da S. **Contribuições do ato de contar histórias na educação infantil para a formação do futuro leitor**. 37 f. Trabalho de Conclusão de Curso (Graduação em Pedagogia) – Universidade Estadual de Maringá, Maringá, 2011. Disponível em: <http://old.dfe.uem.br/TCC/Trabalhos%20 2011/Turma%2032/Olivia_Pires.pdf>. Acesso em: 18 jul. 2019.

RAMOS, A. C. **Contação de histórias**: um caminho para a formação de leitores? 136 f. Dissertação (Mestrado em Educação) – Universidade Estadual de Londrina, Londrina, 2011. Disponível em: <http://www.uel.br/pos/mestredu/images/stories/downloads/ dissertacoes/2011/2011_-_RAMOS_Ana_Claudia.pdf>. Acesso em: 18 jul. 2019.

RODRIGUES, J. L. **Contação de histórias na educação infantil**: uma experiência na prática docente. 46 f. Monografia (Licenciatura em Pedagogia) – Universidade Estadual da Paraíba, Campina Grande, 2011. Disponível em: <http://dspace.bc.uepb.edu.br/ jspui/bitstream/123456789/1963/1/PDF%20-%20Jaqueline% 20Lira%20Rodrigues.pdf> Acesso em: 17 jun. 2019.

ROJO, R. **As relações entre fala e escrita**: mitos e perspectivas – caderno do professor. Belo Horizonte: Ceale, 2006a. (Coleção Alfabetização e Letramento). Disponível em: <http://www. ceale.fae.ufmg.br/app/webroot/files/uploads/Col.%20Alfabetiza %C3%A7%C3%A3o%20e%20Letramento/Col%20Alf.Let.% 2013%20Relacoes_Fala_Escrita.pdf>. Acesso em: 18 jul. 2019.

ROJO, R. **Desenvolvimento e apropriação da linguagem pela criança**: caderno do professor. Belo Horizonte: Ceale, 2006b. (Coleção Alfabetização e Letramento). Disponível em: <http://www.ceale.fae.ufmg.br/app/webroot/files/uploads/Col.%20Alfabetiza%C3%A7%C3%A3o%20e%20Letramento/Col%20Alf.Let.%20 12%20Desenvolvimento_Apropriacao.pdf>. Acesso em: 16 jul. 2019.

SALLES, J. F. de; PARENTE, M. A. de M. P.; MACHADO, S. da S. As dislexias de desenvolvimento: aspectos neurológicos e cognitivos. **Interações**, v. 9, n. 17, p. 109-132, jan./jun. 2004. Disponível em: <http://pepsic.bvsalud.org/pdf/inter/v9n17/v9n17a07.pdf>. Acesso em: 6 jun. 2019.

SANTOS, R. M. dos. **A contação de histórias como instrumento de socialização na educação infantil**. 51 f. Trabalho de Conclusão de Curso (Graduação em Pedagogia) – Universidade Federal do Rio Grande do Sul, Três Cachoeiras, 2011. Disponível em: <https://www.lume.ufrgs.br/bitstream/handle/10183/71970/000880723.pdf>. Acesso em: 6 jun. 2019.

SOARES, M. V. Aquisição da linguagem segundo a psicologia interacionista: três abordagens. **Revista Gatilho**, Juiz de Fora, ano 2, v. 4, set. 2006. Disponível em: <https://periodicos.ufjf.br/index.php/gatilho/article/view/26877>. Acesso em: 23 jul. 2019.

_____. **Alfabetização**: a questão dos métodos. São Paulo: Contexto, 2017.

_____. **Letramento**: um tema em três gêneros. 3. ed. Belo Horizonte: Autêntica, 2009.

SOLÉ, I. **Estratégias de leitura**. 6. ed. Porto Alegre: Penso, 1998.

SOUZA, I. P.; LEITE, T. M. R.; ALBUQUERQUE, E. B. C. de. Leitura, letramento e alfabetização na escola. In: BARBOSA, M. L. F. de F.; SOUZA, I. P. de. **Práticas de leitura no ensino fundamental**. Belo Horizonte: Autêntica, 2006. p. 23-38.

VILA, I. Aquisição da linguagem. In: COOL, C.; PALACIOS, J.; MARCHESI, A. (Org.). **Desenvolvimento psicológico e educação**. Porto Alegre: Artes Médicas, 1995. p. 69-80.

ZILBERMAN, R. **A literatura infantil na escola**. 11. ed. rev., atual. e ampl. São Paulo: Global, 2003.

BIBLIOGRAFIA COMENTADA

ADAMS, M. J. et al. **Consciência fonológica em crianças pequenas**. Porto Alegre: Artmed, 2005.

Nessa obra, são abordadas diferentes maneiras de se despertar a consciência fonológica em crianças. Para tanto, os autores citam diversos jogos de linguagem, com exercícios que estimulam a escuta, trabalham com rimas e desenvolvem a capacidade de análise das palavras em sílabas e fonemas, entre outros.

CARVALHO, M. **Guia prático do alfabetizador**. São Paulo: Ática, 2005.

Com o objetivo de desenvolver atividades que estimulem o interesse das crianças pela leitura e a fim de ensinar alguns fatos sobre a escrita, a autora sugere propostas metodológicas para o ensino da leitura e da escrita com base no texto, na frase e na palavra contextualizados.

FERREIRO, E. **Cultura escrita e educação**: conversas de Emília Ferreiro com José Antonio Castorina, Daniel Goldin e Rosa María Torres. Porto Alegre: Artmed, 2001.

Essa obra é resultado de uma conversa da pesquisadora Emilia Ferreiro com os linguistas José Antonio Castorina, Daniel Goldin e Rosa María Torres sobre a aquisição da língua escrita. Com uma linguagem de fácil compreensão, o livro propõe uma reflexão muito densa sobre a escrita na escola e fora dela, sugerindo ações pedagógicas para possibilitar novas visões de como aprender a escrever.

MALUF, M. R.; CARDOSO-MARTINS, C. (Org.). **Alfabetização no século XXI**: como se aprende a ler e a escrever. Porto Alegre: Penso, 2013.

Em oito capítulos de extrema relevância para os estudos sobre a aprendizagem da leitura e escrita no período de alfabetização, os autores apresentam suas pesquisas referentes a esse importante processo de conhecimento.

MALUF, M. R.; GUIMARÃES, S. R. K. (Org.). **Desenvolvimento da linguagem oral e escrita**. Curitiba: Ed. da UFPR, 2008.

Nessa obra, são discutidos modelos de leitura e práticas pedagógicas que facilitam a aquisição e o desenvolvimento das linguagens oral e escrita pela criança.

SOARES, M. **Alfabetização**: a questão dos métodos. São Paulo: Contexto, 2017.

Magda Soares apresenta nesse livro décadas de pesquisa na área da alfabetização. Mais que isso: a autora mostra que o método é caminhar em direção à criança alfabetizada. Os professores precisam conhecer os diversos caminhos da criança para se orientarem e, assim, poderem conduzi-la.

RESPOSTAS

Capítulo 1
1. e
2. c
3. b
4. c
5. d

Capítulo 2
1. c
2. a
3. d
4. b
5. e

Capítulo 3
1. e
2. a
3. b
4. c
5. d

Capítulo 4
1. d
2. e
3. d
4. c
5. c

Capítulo 5
1. d
2. b
3. c
4. c
5. a

Capítulo 6
1. b
2. a
3. d
4. e
5. c

SOBRE A AUTORA

Marcia Beatriz Amplatz é mestra (2005) em Educação pela Universidade Federal do Paraná (UFPR), especialista (1998) em Psicopedagogia pela Universidade Federal do Rio de Janeiro (UFRJ) e licenciada em Pedagogia (1995) pela Universidade Tuiuti do Paraná (UTP). Atuou mais de 20 anos como professora regente na educação infantil. Desde 2007, dedica-se à docência na graduação de Pedagogia, ministrando as disciplinas de Alfabetização e Letramento e Metodologia da Matemática, e em cursos de pós-graduação nas áreas de psicopedagogia, educação infantil, alfabetização e letramento. Ministra oficinas e palestras na área de educação.

Os papéis utilizados neste livro, certificados por instituições ambientais competentes, são recicláveis, provenientes de fontes renováveis e, portanto, um meio responsável e natural de informação e conhecimento.

FSC
www.fac.org
MISTO
Papel produzido
a partir de
fontes responsáveis
FSC® C103535

Impressão: Reproset
Fevereiro/2023